中等职业教育"十二五"规划教材
中职中专旅游服务类专业系列教材

前厅服务与管理

肖　萍　朱德勇　主编

科学出版社

北　京

内 容 简 介

本书立足于中职学生的现状和市场的实际需求，以现场工作任务为导向，按照理论实践一体化的教学模式，以现场工作任务实施方法、内容和过程为主线，将理论知识与实践能力的培养有机结合，以饭店前厅对客服务的工作过程为依据，从认识前厅开始，客人通过预订接触饭店前厅的第一个部门，抵达饭店有礼宾部的迎接，到前台办理入住登记手续，入住期间有前台、总机等部门提供服务，之后结账离店，前厅为客人整理客史资料等一系列完整的对客服务过程作为主线来整合、序化教学内容，既遵循学生职业能力培养的基本规律，又符合企业的岗位要求。

本书适合作为中等职业学校旅游、饭店管理、餐饮管理及烹饪等专业学生的教材使用，也可作为饭店从业人员、饭店管理者培训用书，还可作为各类成人教育相关专业的教学用书。

图书在版编目（CIP）数据

前厅服务与管理/肖萍，朱德勇主编. —北京：科学出版社，2015

（中等职业教育"十二五"规划教材·中职中专旅游服务类专业系列教材）

ISBN 978-7-03-045019-7

Ⅰ. ①前⋯ Ⅱ. ①肖⋯②朱⋯ Ⅲ. ①饭店－商业服务－中等专业学校－教材②饭店－商业管理－中等专业学校－教材 Ⅳ. ①F719.2

中国版本图书馆 CIP 数据核字（2015）第 131468 号

责任编辑：涂 晟 / 责任校对：马英菊
责任印制：吕春珉 / 封面设计：东方人华平面设计部

斜 学 出 版 社 出版
北京东黄城根北街 16 号
邮政编码：100717
http://www.sciencep.com
百善印刷厂 印刷
科学出版社发行 各地新华书店经销

*

2015 年 6 月第 一 版 开本：787×1092 1/16
2015 年 6 月第一次印刷 印张：13 1/4
字数：293 000
定价：27.00 元
（如有印装质量问题，我社负责调换〈百善〉）

销售部电话 010-62140850 编辑部电话 010-62138978-2008

前　言

　　"前厅服务与管理"是中等职业学校饭店运营与管理专业的学生必须掌握的专业基础课，同时也是一门与行业实践紧密结合的课程。饭店业日新月异的发展促使专业教学也要不断更新，才能为饭店行业提供高素质的专业人才。

　　本书以高星级饭店前厅的实际工作流程作为依据，结合中等职业学校学生的特点，利用图表形式，力求形式新颖；用项目加任务的模式来组织，力求实用。编者将相关的理论知识融入教学案例中，力求让学生更好地学习和理解；营造前厅部的工作环境，让学生能参与到活动中，在做中学，在学中做，并通过自评和互评给予学生对学习内容更多的体会。

　　本书由武汉市旅游学校肖萍和朱德勇担任主编，负责本书的大纲编写、统稿和定稿。具体编写分工如下：项目一和项目二由朱德勇编写；项目三由肖蕾编写；项目四由赵晶编写；项目五由刘春英编写；项目六由印杨编写；项目七由邓志菊编写；项目八由温亦文编写；项目九由王芳编写。

　　在编写本书过程中得到了武汉市旅游学校、武汉市最佳西方禧邦可大酒店、武汉东方大酒店等单位的大力支持，在此表示感谢！本书参考并引用了相关文献，特此向有关作者致谢！

　　因编者水平有限，加之编写时间仓促，敬请使用本书的师生和行业工作人员提出批评指正。

编　者

2015 年 4 月

目　　录

项目一

认识前厅

前厅部要为饭店高级管理决策层及相关各职能部门提供各种参考信息，同时为宾客提供各种综合服务。前厅部通常由客房预订处、大厅/礼宾服务处、接待处、问询处、前厅收银处、电话总机、商务中心、大堂值班经理/大堂副理等机构组成，其主要机构均设在宾客来往最频繁的饭店大堂地段。前厅部运转的好坏将直接影响饭店的服务质量、经济效益乃至管理水平和市场形象。

学习目标

➢ 了解前厅部的布局与功能；
➢ 认识前厅部的组织机构；
➢ 掌握前厅部各岗位的岗位职责；
➢ 了解前厅部工作人员的素质要求。

任务一 ｜ 熟悉前厅部的布局与功能

任务目标 ≫

➢ 了解前厅部的布局；
➢ 了解前厅部的功能。

任务准备 ≫

➢ 场地准备：联系某饭店前厅部；
➢ 仪容仪表准备：与课人员身着职业装，女生化淡妆、盘发。

任务描述 ≫

了解饭店前厅部的布局，并了解在饭店经营管理中前厅部的功能。

任务分析 ≫

可以通过网络、书籍等学习渠道，了解饭店前厅部的布局，并思考在饭店经营管理中前厅部的功能。

相关知识

前厅如图 1-1 所示，是指进入饭店大门后到饭店客房、餐厅之间的大块公共区域。这一范围内的大部分服务点由前厅部管辖。前厅部是负责招徕并接待宾客，销售饭店客房及餐饮娱乐等服务产品，沟通与协调饭店各部门的对客服务部门。前厅是每一位客人抵离饭店的必经之地，它对客人形成对饭店的"第一印象"起着至关重要的作用。

图 1-1　前厅

一、认识前厅的布局

1. 前厅的构成及布置

（1）饭店大门。饭店的大门由正门和边门构成，大门的外观要新颖有特色，对客人有较强的吸引力。一般饭店都采用玻璃门作为正门。饭店的玻璃门要选用厚度、强度、颜色适当的玻璃制作，安装要牢固，防止玻璃落下碰伤客人。玻璃门要有醒目的中、英文及图形标志。饭店的店牌、店徽及星级标志要醒目、美观，不易被来往的车辆挡住。大多数饭店的正门分成两扇，便于客人进出及门卫为客人提供开门服务；正门安装自动感应门的饭店，应同时开设手开边门，以防感应门失灵时客人无法进出饭店。

饭店的大门前，应有供客人上下车的空间及回车道、停车场，使客人进出方便、安全。正门外还应留有足够的空间，以暂时摆放进出店的团体行李。有些饭店正门前还设计了花园和喷泉，以给客人留下良好的第一印象。正门前台阶旁还应设立专供残疾客人轮椅出入店的坡道，以方便残疾客人出入饭店。通常在大门口还铺设一块地毯，供客人擦干净鞋底后进入前厅。边门旁应设置伞架，供客人存放雨伞。饭店大门外的空旷处，通常设置三根旗杆，分别用来挂店旗、本国国旗和在饭店下榻的外国国家元首所在国的国旗，要注意旗杆的高度，通常本国国旗的旗杆最高。

（2）公共活动区域。前厅的风格、面积必须与饭店的规模和星级相适应，前厅中应有足够的空间供客人活动。

（3）柜台。大厅内有多个服务用柜台，柜台的布置必须与前厅的风格协调一致，必须符合服务的要求。

（4）公共设施。大厅内应有公用电话及供客人查询有关饭店服务设施位置和时间等信息的计算机。

（5）洗手间及衣帽间。大厅内应有用中、英文文字及图形明显标志的男、女客用洗手间。洗手间要宽敞，各种用品要齐全，洗手间应干净无异味，星级饭店还要考虑残疾人专用卫生间或厕位，能为残疾人提供特殊服务。

（6）饭店各种设施的中、英文及图形标志。

（7）其他。如鲜花、盆景、雕塑、瀑布、喷泉、挂毯等。

2. 前厅的环境

（1）光线。前厅内要有适宜的光线，能使客人在良好的光线下活动，使员工在适当的光照下工作。前厅内最好能通入自然光线，同时配备层次、类型各不相同的灯光，以保证良好的光照效果。要注意，过于明亮的光线会使人的眼睛过分紧张，产生头晕目眩等不舒适的感觉，影响前厅员工的工作效率；过于昏暗的光线，则使员工和客人不易彼此看清对方的脸部，也不利于人准确地填写表格。

（2）色彩。前厅内，客人的主要活动区域的地面、墙角、吊灯等，应以暖色调为主，以烘托出热烈豪华的气氛。而前厅的服务环境以及客人休息区域，应以略冷色调为好，使人平和、宁静，满足对客服务和客人休息的要求，创造出前厅特有的轻松气氛。

（3）温度、湿度与通风。前厅大堂应空气清新，温度、湿度适宜。一般应将温度维持在 22～24℃，湿度控制在 40%～60%，并保证空气流通。

（4）声音。由于前厅大堂离饭店大门外的停车场较近，人员活动多，有客人与员工的多种交谈声、电话铃声、打印机声等，易造成前厅大堂噪声过于集中，因而在建造前厅时，应考虑使用隔音板等材料，以降低噪声。

二、前厅的功能

1. 推销客房

前厅部的首要功能是推销客房。客房是饭店销售的主要产品，客房的营业收入一般占饭店全部营业收入的 40%～60%。饭店每日客房出租率的高低在很大程度上取决于前厅部的销售工作。因此，前厅部的全体员工应全力以赴，按饭店已定的价格政策，推销出更高档次和更多数量的客房。

2. 提供信息

前厅部是饭店经营活动的主要信息来源，其信息包括饭店经营的外部市场信息和内部管理信息。前厅部不仅要有意识地收集此类信息，而且要对其进行加工处理，并将此信息传递到客房、餐饮等饭店经营部门和管理机构，以供经营管理决策使用。

3. 协调对客服务

作为饭店业务活动的中心，前厅部必须在宾客与饭店其他部门之间牵线搭桥，协调前台、后台之间的对客服务。例如，当住客向前厅部投诉客房卫生间漏水时，前厅部员工应立刻与工程部联系，进行检修。

4. 及时、准确地显示客房状况

饭店客房状况是指饭店客房使用情况，通常分为长期和短期两类。及时、准确地显示客房状况的目的是为了使饭店最大限度地利用客房这一产品为饭店创造利润。

5. 建立、控制客账

为方便客人、促进消费，绝大多数饭店向登记入住的客人提供一次性结账服务。所以，前厅必须为住客分别做账单，接受各营业点转来的经客人签字的客账资料，及时记录、累计及审核客人的各项欠款，确保客账账目的准确无误，同时，为离店客人办理结账、收款或转账服务事宜。

任务演练 ≫

1. 参观饭店

教师根据学校实际情况，联系当地的一家饭店，组织学生实地参观该饭店的前厅部，让学生直观认识该饭店前厅部的布局与功能。

2. 能力评价

分组进行讨论，总结分析饭店前厅在布局方面存在的问题，以及饭店前厅的功能主要有哪些？实行小组内成员互评、小组间互评和教师评价，给出提升建议并进行综合评价，填入表 1-1 中。

表 1-1　能力评价

内容		评价		
学习目标	评价内容	组内成员	小组间	教师
知识　应知应会	前厅部的布局	□优□良□差	□优□良□差	□优□良□差
	前厅部的功能	□优□良□差	□优□良□差	□优□良□差
专业能力　能阐述饭店布局中应注意的问题和前厅部的主要功能	注意事项阐述清晰	□优□良□差	□优□良□差	□优□良□差
	主要功能描述正确	□优□良□差	□优□良□差	□优□良□差
态度　积极主动		□优□良□差	□优□良□差	□优□良□差
	团结合作	□优□良□差	□优□良□差	□优□良□差
提升建议：		综合评价： □优 □良 □差		

技能训练：设计一个你认为合理的饭店前厅布局。

训练方法：学生分组设计，组内合作，教师点评。

训练要求：（1）设计科学合理。

（2）设计方案切实可行。

（3）团结合作。

课 后 练 习

一、填空题

1. 饭店的大门由（　　　）和（　　　）构成，大门的外观要新颖有特色，对客人有较强的吸引力。

2. 前厅大堂应空气清新，温度、湿度适宜。一般应将温度维持在（　　　），湿度控制在（　　　），并保证空气流通。

二、选择题

1. 客房的营业收入一般占饭店全部营业收入的（　　　）。

　　A. 10%～20%　　　　B. 30%～50%　　　　C. 40%～60%　　　　D. 60%～80%

2. 一般饭店最大的获利产品是（　　　）。

　　A. 客房　　　　　　B. 餐饮　　　　　　C. 娱乐　　　　　　D. 商店

三、简答题

1. 饭店前厅的布局应注意哪些问题？

2. 饭店前厅部的功能主要有哪些？

任务二　认识前厅部组织结构与岗位职责

任务目标 ≫

➤　了解前厅部的组织结构；

➤　了解前厅部的岗位职责。

任务准备 ≫

➤　场地准备：联系某饭店前厅部；

➢ 仪容仪表准备：与课人员身着职业装，女生化淡妆、盘发。

任务描述 ≫

了解饭店前厅部的组织结构及饭店前厅部工作人员的岗位职责。

任务分析 ≫

可利用网络、书籍或者采访相关饭店工作人员等形式，去了解饭店前厅部组织结构和前厅部各岗位职责。

⚡ **相 关 知 识**

一、饭店前厅部组织结构

前厅部组织结构受饭店类型、规模、等级、劳动力成本、管理模式等因素的影响。而有所不同。

饭店规模大小不同，前厅部组织结构设置有很大区别，主要表现在以下三方面：

（1）大型饭店前厅部管理层次多，而小型饭店层次少。如大型饭店前厅部组织结构中有部门经理级、主管级、领班级、员工级四个层次，而小型饭店可能只有经理级、领班级、员工级三个层次。

（2）大型饭店前厅部组织结构内容多、范围广，而小型饭店组织结构内容少、范围窄。如大多数的大型饭店的前厅部设有商务中心、车队等，而小型饭店则没有。

（3）大型饭店前厅部职能划分精细，由不同的岗位人员负责，而小型饭店则可能将其合三为一，甚至合四为一。

以下以大型饭店前厅部的组织结构为例，如图 1-2 所示，我们介绍前厅部的组织结构。

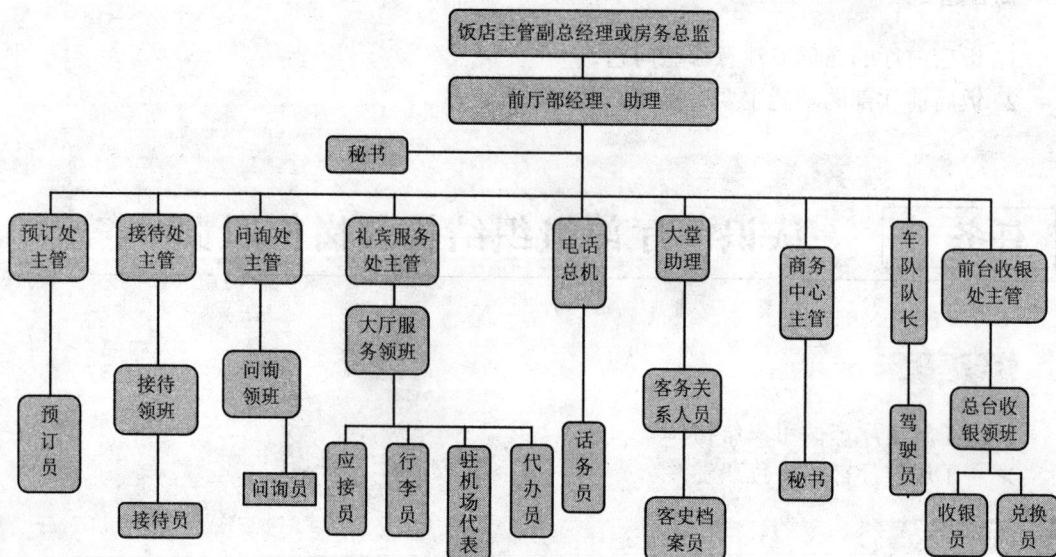

图 1-2　大型饭店前厅部组织结构图

二、前厅部的主要岗位职责

岗位职责是对某一特定工作岗位的工作内容和责任的准确完整的描述，包括这一岗位的工作性质、工作职责、工作内容及工作手段、方法等。饭店前厅部制定岗位职责的目的在于确保各岗位工作内容清晰、目标明确、要求统一、责任到人，从而形成有效的运作机制，进一步提高工作效率和服务质量。

1. 前厅部经理的岗位职责

直接上级：房务总监/总经理。

直接下属：前厅部副经理、各主管、大堂副理（宾客关系主任）、文员/秘书。

前厅部经理（图1-3）的主要职责如下：

（1）对总经理或房务总监负责，参加饭店部门经理会议、提供有关信息、协助总经理决策。

（2）制订前厅部工作计划，全面负责前厅部的管理工作，确保前厅各项服务达到饭店规定的标准。

（3）督导属下员工的工作，负责前厅部员工的挑选、培训、评估、调动及提升等事宜。

（4）组织主持部门业务会议，传达饭店例会工作要点，听取汇报，布置工作，解决难题。

（5）直接参与预订管理及出租率预测等项工作。

（6）协调、联络其他部门，进行良好的沟通，确保前厅部各项工作的顺利进行。

（7）负责重要客人的接待。

（8）密切保持与客人的联系，经常向客人征求意见，了解情况，及时反馈，并及时提

图1-3 前厅部经理形象示意图

出有关接待服务工作的改进意见，供总经理等参考决策。

（9）坚决执行上级指令，严格依照饭店的政策、制度和规定办事，以身作则。

（10）审阅大堂副理提交的客人投诉记录及汇总表，亲自处理贵宾的投诉和客人提出的疑难问题。

2. 大堂副理的主要职责

直接上级：前厅部经理/房务总监/总经理。

直接下级：宾客关系主任、分管领班。

大堂副理的主要职责如下：

（1）落实、检查贵宾抵店前的各项准备工作，协调各部门满足客人的特殊要求，并代表总经理迎送贵宾及团体客人。

（2）维护大堂秩序。

（3）妥善处理客人的投诉，尽可能地采取措施避免客人投诉。

（4）处理各种突发事件。

（5）出席各种例会，对改进服务与管理提出意见。

（6）巡回检查饭店各处，找出问题、采取措施，保证饭店的安全及高水准的服务质量。

（7）搞好与客人及各部门员工的关系。

（8）负责检查大堂区域的清洁卫生，各项设施设备的完好情况。

（9）征求宾客意见，与宾客间保持良好的沟通。

（10）做好完整详细的工作记录。

（11）代表饭店慰问生病的住店客人。

3. 前厅部各岗位的主要职责

（1）接待处。该处主要负责接待各类客人入住，办理客人的入住登记和离店手续；为客人提供分房、换房及其他日常服务；控制房态，向各接待相关部门提供信息或下达指令等。

（2）订房处。该处负责接受或婉拒各类客人的订房，并办妥相应的手续；整理、记录订房资料并分类存档；统计、分析及预测各类订房数据，并及时提供给相关部门参考；妥善计划和控制超额订房的比例等。

（3）行李处。该处负责接、送和寄存团体、散客的行李；递送饭店表单及客人留言、邮件；完成客人零星委托事项等。

（4）问询处。该处负责分发与控制客房钥匙，解答客人的问询、接受客人留言；分发客人邮件、接受客人订票等委托代办事项。

（5）总机房。该处负责接转电话、提供电话叫醒及电话留言等服务。

任务演练 ≫

1. 模拟与饭店前厅工作人员的面对面交流

分小组，合作演练，以对话的形式讨论饭店的前厅组织结构和不同的前厅岗位的职责。

2. 能力评价

分组进行讨论，总结通过座谈、学习，所了解到的饭店的组织结构情况。饭店的前厅部的各岗位职责主要有哪些？实行小组内成员互评、小组间互评和教师评价，给出提升建议并进行综合评价，填入表1-2中。

表1-2 能力评价

内容			评价		
学习目标		评价内容	组内成员	小组间	教师
知识	应知应会	高星级饭店的组织结构	□优□良□差	□优□良□差	□优□良□差
		前厅部的主要岗位的职责	□优□良□差	□优□良□差	□优□良□差
专业能力	能描述不同类型的饭店的前厅部的组织结构情况及各岗位职责	组织结构描述清晰	□优□良□差	□优□良□差	□优□良□差
		岗位职责明确	□优□良□差	□优□良□差	□优□良□差
态度	积极主动		□优□良□差	□优□良□差	□优□良□差
	团结合作		□优□良□差	□优□良□差	□优□良□差
提升建议：			综合评价： □优 □良 □差		

技能训练 ≫

技能训练：设计一个你认为合理的高星级饭店前厅组织结构图。
训练方法：学生分组设计，组内合作，教师点评。
训练要求：（1）设计科学合理。
　　　　　（2）现实中可以运用。
　　　　　（3）注意团队合作。

课 后 练 习

一、填空题

1. （　　　　）是对某一特定工作岗位的工作内容和责任的准确完整的描述，包括这一岗位的工作性质、工作职责、工作内容及工作手段、方法等。

2. 前厅部组织结构受到饭店（　　　）、（　　　）、（　　　）、（　　　）、（　　　）等因素的影响。因而各饭店前厅部组织结构设置的形态也有所不同，饭店管理人员应通盘考虑。

二、简答题

1. 大型饭店和小型饭店前厅部的组织结构有哪些不同？
2. 前厅部经理的岗位职责主要有哪些？

任务三 了解前厅部工作人员的素质要求

任务目标 ≫

➤ 了解前厅部工作人员的基本素质要求。

任务准备 ≫

➤ 场地准备：联系某饭店前厅部；
➤ 仪容仪表准备：与课人员身着职业装，女生化淡妆、盘发。

任务描述 ≫

采用调查问卷的形式，调查一下当地的普通人群及饭店的工作人员，了解他们心目中的饭店前厅部工作人员应具备怎样的素质要求？

任务分析 ≫

可以通过学生分组设计相关调查表格，并由各组独立完成调查，最后对调查结果进行分析来完成此任务。

相关知识

在饭店各部门中，前厅部对员工的素质要求是比较高的。前厅部的任务能否完成，主要取决于前厅部员工的素质能否达到工作要求。前厅部员工素质的高低是饭店经营成败的一个重要因素。

饭店前厅部工作人员应具备的基本素质如下：

1. 良好的语言基础

前厅部人员应该有良好的语言基础，首先必须具有良好的汉语表达能力和理解能力，普通话发音应准确；其次必须熟练掌握一门以上的外语，并在听、说、读、写几个方面，特别是口语方面达到一定水平；最后还应掌握一些常用的方言。

2. 认真的工作态度

要想将一份工作做好，必须要有认真的工作态度，尤其是对前厅部的工作而言，要求细致、准确、及时。一个马虎大意的人是不适合做前厅工作的。

3. 较广的知识面

前厅部员工由于经常与客人面对面的交流沟通，因此需要较广的知识面，应对历史、地理、金融、本地风景名胜、交通状况、外国风俗、宗教等方面的知识有较全面的了解。

4. 端庄的仪表、举止

前厅部员工的仪表不仅体现出员工的个人素质，而且反映出饭店员工的精神面貌，体现饭店的服务水准，是对客服务质量的组成部分。因此，员工进入服务区域之前，必须检查自己的仪容仪表，应以饱满的精神、整洁的着装进入工作岗位，并按规定佩戴工作牌，要有得体的举止。

5. 得当的礼节礼貌

前厅部员工必须对客人有礼貌，见了客人要主动问好，使用礼貌用语，适时、及时询问客人是否需要帮助。无论与谁谈话，都要养成聆听的习惯，不要打断他人的讲话，同时眼睛要自然地注视着讲话者，与其进行目光交流。

任务演练 >>

1. 问卷调查，完成任务

将学生分成若干小组，分小组设计调查问卷，然后进行调查研究，最后得出结论：饭店前厅部工作人员应具备的素质要求有哪些？

2. 能力评价

分组进行调查研究，实行小组内成员互评、小组间互评和教师评价，给出提升建议并进行综合评价，填入表1-3中。

表1-3 能力评价

内容			评价		
	学习目标	评价内容	组内成员	小组间	教师
专业能力	通过调查研究了解前厅员工的素质要求	表格制作	□优□良□差	□优□良□差	□优□良□差
		结论的有效性	□优□良□差	□优□良□差	□优□良□差
态度	积极主动		□优□良□差	□优□良□差	□优□良□差
	团结合作		□优□良□差	□优□良□差	□优□良□差
提升建议：			综合评价： □优 □良 □差		

技能训练 ≫

技能训练：设计一个你认为合理的饭店前厅部员工素质要求的调查问卷。

训练方法：学生分组设计，教师点评。

训练要求：（1）设计科学合理。

（2）切实可行。

（3）团结合作。

课 后 练 习

一、填空题

1. 前厅部人员应该有良好的（　　　　），首先必须具有良好的汉语表达能力和理解能力，普通话发音应准确；其次必须熟练掌握一门以上的（　　　　），并在听、说、读、写几个方面，特别是口语方面达到一定水平；最后还应掌握一些常用的方言。

2. 前厅部员工必须对客人有（　　　　），见了客人要主动问好，使用（　　　　），适时、及时询问客人是否需要帮助。无论与谁谈话，都要养成聆听的习惯，不要打断他人的讲话，同时眼睛要自然地注视着讲话者，与其进行目光交流。

二、简答题

饭店前厅部员工的素质要求主要有哪些？

项 目 总 结

本项目主要讲述了饭店前厅部的布局与功能，饭店前厅部的组织机构，饭店前厅部各岗位的职责，同时对前厅部员工的基本素质要求进行了介绍。

项目二

预订服务

越来越多的宾客意识到预订饭店客房可以免遭饭店客满的风险，同时也有越来越多的宾客希望抵店时，所需客房已由饭店保留。对于饭店来说，要努力争取理想的住房率，避免超额预订和缺额预订给饭店带来损失，因此要有订房机构，拥有良好的预订系统，做好预订服务。

学习目标

➤ 掌握电话预订服务；
➤ 掌握当面预订服务；
➤ 掌握预订变更服务；
➤ 学会预订应急处理。

任务一　认识预订服务

任务目标 》

➤ 了解什么是预订；
➤ 了解预订的渠道；
➤ 正确认识预订的方式和预订的种类。

任务准备 》

➤ 场地准备：模拟前厅；
➤ 用品准备：模拟电话、计算机、信笺、笔等；
➤ 仪容仪表准备：与课人员身着职业装，女生化淡妆、盘发。

任务描述 》

模拟预订一家五星级饭店一晚的双标间（双人标准间）。

任务分析 》

要预订房间，首先要考虑通过什么渠道预订，选择什么样的预订方式和预订种类进行预订。

⚡ 相关知识

一、预订的概念及预订的意义

1. 什么是预订

客人预先要求饭店为其提供客房称为客房预订。客人事先进行客房预订是为了避免饭店客满的风险，希望在抵店时所需客房已由饭店准备妥当。而饭店之所以拥有预订系统来受理客人的客房预订，目的就是尽力为客人提供满意的客房，争取较高的住房率。

2. 客房预订的意义

饭店通过预订业务可拓宽对客户服务在的内涵，形成更加完整的为客人提供全面服务的概念。

开展预订业务是饭店一项有力的促销手段，饭店因此能更广泛、更直接地接触客人，了解需求、吸引客源，使饭店客房销售达到理想的出租率。

开展客房预订业务有助于饭店更好地预测未来客源情况，以便及时调整经营销售策略，在激烈的竞争中把握主动。

通过客房预订饭店可以在劳动力、物质、资金等方面进行有效的计划安排，有利于提高饭店的管理水平和服务质量。

二、预订的渠道

客人常通过以下 7 个渠道预订客房：

（1）直接与饭店预订。

（2）通过与饭店签定商务合同的单位预订。

（3）通过饭店所加入的预订网络预订。

（4）由旅行社预订。

（5）由航空公司预订。

（6）由会议组织机构预订。

（7）由政府机关或企业事业单位预订。

上述 7 个渠道被视为饭店的客源销售渠道。对饭店来说，要设法将自己的产品直接销售给客人，但又往往因人力、财力有限而无法仅通过直接销售渠道来吸引客源。因此，饭店常借助于中间商，并利用他们的网络、专业特长及规模等优势，将饭店的产品及时、大量、顺畅地推销给客人，以扩大客源，增加销售量。

三、预订的方式

客人采用何种方式进行预订，受其预订的紧急程度和客人预订设备条件的制约。因此，客房预订的方式多种多样，各有特点。通常客人采用的预订方式主要有下列几种：

1. 电话预订

客人或其委托人使用电话进行预订。该方式较为普遍，特点是迅速、简便，易于客人与预订员之间的直接沟通，可使客人能根据饭店客房的实际情况，及时调整其预订要求，订到满意的客房。

2. 网络预订

近年来，互联网发展日新月异，电子商务日渐成为一种重要的经营方式，饭店业经营者很早便意识到了网络销售对饭店经营的重要作用。长期以来，饭店的主要客源大都来自于旅行社、订房系统、航空公司及其他中介机构，为此需支付相当比例的回扣或给予相当大的折扣，从而影响了饭店的收益，客人也没有得到最大的优惠。网络恰好解决了这一矛盾。

一般网上预订无论是多少星级，基本都不需要预付的，都是先预订，到酒店前台支付的。部分网站搞促销活动，如团购，抢购，优惠价等才需要预付。预付是直接通过网上支付方式支付到网站，然后入住时可能要交押金。

如果要入住的酒店需要信用卡担保（有可能是因为客房紧张，有可能是太晚入住），但是这些都只是冻结信用卡的钱，不会直接扣除，你到前台办理手续还是要支付房费的，被冻结的金额也会在离店后解冻。

3. 面谈预订

客人或其委托人直接来到饭店，与预订员面对面地洽谈预订事宜。这种方式的特点是让预订员有机会更详尽地了解客人的需求，并当面回答客人提出的任何问题，同时还能视客人的神态、表情等洞察其心理，以便有针对性地采取相应的推销技巧进行适时销售。

4. 信函预订

信函预订是客人或其委托人在离预期抵店日期尚有较长时间的情况下采取的一种传统而正式的预订方式。此方式较正规，如同一份合约，对客人和饭店起到一定的约束作用。

四、预订的种类

1. 临时性预订

临时性预订是指客人在即将抵达饭店前很短的时间内或在到达的当天联系预订。饭店一般没有足够的时间给客人以书面确认，均予以口头确认。当天的临时性预订通常由总台接待员受理。受理时，应注意弄清客人的抵店时间或所乘航班、车次，并提醒客人，所订客房的保留期限，以免在用房紧张时引起不必要的纠纷。

2. 确认性预订

确认性预订是指饭店答应为预订的客人保留房间至某一事先声明的规定时间，但如到了这一规定时间客人仍未抵店，也无任何声明，则在用房紧张时期，饭店可将所保留的客房出租给未经预订而直接抵店的客人或等候名单客人。通常确认性预订的方式有两种：口头确认和书面确认。

3. 保证性预订

保证性预订是客人保证前来住宿，否则将承担经济责任，饭店则必须在任何情况下都保证落实的预订——保留客房至抵店日期的次日退房结账时间。此类预订不仅保护了客人，使其免受超额预订的影响，而且也确保了饭店在预订客人不抵店入住的情况下仍有客房收益。保证性预订一般有预付款担保、信用卡担保和合同担保三种类型。

（1）预付款担保。预付款担保指客人通过交纳预付款（一般为所订客房的一夜房费）而获得饭店的预订保证。若客人预付了一天以上的房租，但届时未取消预订而又不抵店入住，则饭店仍只收取一天房租，将余款退还客人，同时取消后几天的预订。

（2）信用卡担保。信用卡担保指客人使用信用卡来担保所预订的饭店客房。即使客人届时既未取消预订，又不登记入住，饭店仍可通过发卡公司收取客人一夜的房租，以弥补饭店的损失。

（3）合同担保。合同担保指饭店同经常使用饭店设施的客户单位签订合同以担保预订。合同内容主要包括签约单位的账号、地址以及同意为失约而未使用的订房承担付款责任的说明。同时，合同还应规定通知饭店取消的最后期限，如签约单位未能在规定的期限通知取消，饭店则可以向对方收取房租等。

---小 知 识---

"定金"是指当事人约定由一方向对方给付的，作为债权担保的一定数额的货币，它属于一种法律上的担保方式，目的在于促使债务人履行债务，保障债权人的债权得以实现。签合同时，对定金必需以书面形式进行约定，同时还应约定定金的数额和交付期限。给付定金一方如果不履行债务，无权要求另一方返还定金；接受定金的一方如果不履行债务，需向另一方双倍返还债务。债务人履行债务后，依照约定，定金应抵作价款或者收回。

"订金"，目前我国法律对此尚没有明确规定，它不具备定金所具有的担保性质，可视为"预付款"，当合同不能履行时，除不可抗力外，应根据双方当事人的过错承担违约责任。

任务演练 ≫

1. 客房预订

模拟按客人的要求完成客房预订工作。以小组模拟的形式，演练客人与预订员的对话。

2. 能力评价

依据小组演练的情况，实行小组内成员互评、小组间互评和教师评价，给出提升建议并进行综合评价，填入表2-1中。

表 2-1 能力评价

内容		评价		
学习目标	评价内容	组内成员	小组间	教师
知识 应知应会	预订服务程序	□优□良□差	□优□良□差	□优□良□差
	预订业务要求	□优□良□差	□优□良□差	□优□良□差
专业能力 能独立完成预订服务并解决常见问题	预订服务方法	□优□良□差	□优□良□差	□优□良□差
	预订服务标准	□优□良□差	□优□良□差	□优□良□差
	沟通方法技巧	□优□良□差	□优□良□差	□优□良□差
	服务时间	□优□良□差	□优□良□差	□优□良□差
态度	积极主动、热情礼貌	□优□良□差	□优□良□差	□优□良□差
	有问必答、有求必应	□优□良□差	□优□良□差	□优□良□差
提升建议：		综合评价： □优 □良 □差		

技能训练 ≫

技能训练：

训练一：客房预订服务对话练习。

（1）对话。同桌之间进行客房预订服务对话练习。

（2）分析探讨优点和不足。

（3）提升服务水平和沟通技巧。

训练二：客房预订服务特殊情况处理。

（1）特殊情景设计。当客人要预订的普通双标间没有了，但是饭店有稍高标准的双标间时，该如何向客人推荐？

（2）分析探讨应对技巧。

（3）提升客人的满意度。

训练方法：学生分组模拟训练，组内合作，教师点评。

训练要求：（1）注意礼貌用语。

　　　　　（2）对客人相关问题的回答要符合工作规范。

课 后 练 习

一、填空题

1. 客人预先要求饭店为其提供客房称为客房（　　　　）。

2.（　　　　）是指客人在即将抵达饭店前很短的时间内或在到达的当天联系预订。

二、多项选择题

1. 顾客一般可以通过（　　　）预订饭店客房。
   A. 直接打电话到饭店预订　　　　　　B. 通过旅行社预订
   C. 通过网络预订　　　　　　　　　　D. 通过航空公司预订
   E. 通过会议组织机构预订
2. 预订的方式有（　　　）。
   A. 电话预订　　　　　　　　　　　　B. 网络预订
   C. 面谈预订　　　　　　　　　　　　D. 信函预订

三、简答题

1. 预订的意义有哪些？
2. 预订的渠道有哪些？
3. 预订的方式有哪些？
4. 预订的种类有哪些？

任务二 ▌ 受 理 预 订

任务目标 ≫

➢ 掌握客房预订的程序；
➢ 掌握客房预订的内容。

任务准备 ≫

➢ 场地准备：模拟前厅；
➢ 用品准备：模拟电话、计算机、信笺、笔等；
➢ 仪容仪表准备：与课人员身着职业装，女生化淡妆、盘发。

任务描述 ≫

模拟完成受理预订的过程。

任务分析 ≫

受理预订是饭店前厅部工作人员必须掌握的工作技能，只有通过认真学习，掌握预订的程序，认真对待客人的预订，才能顺利完成预订的受理工作。

相关知识

一、客房预订的程序

为了确保客房预订工作的高效运行，前厅部必须建立健全客房预订的程序。通常，客房的预订程序可概括成下列 7 个阶段（图 2-1）。

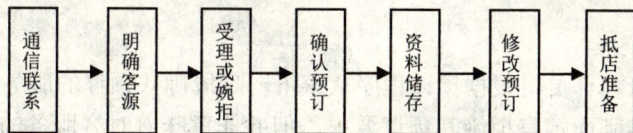

通信联系 → 明确客源 → 受理或婉拒 → 确认预订 → 资料储存 → 修改预订 → 抵店准备

图 2-1 客房预订的程序

1. 通信联系

客人往往以电话、网络、面谈、传真、信函等方式向饭店前厅部客房预订处提出预订要求。

2. 明确客源要求

预订员接收到客人的预订要求后，应主动向客人询问，获悉客人的住宿要求，并将其所需预订信息填入客房预订单，包括客人姓名、人数、国籍、抵离店日期、时间、车次或航班、所需客房总类、用房数量、房租、付款方式、特殊要求以及预订人姓名或单位地址、电话号码等信息。图 2-2 所示为某宾馆客房预订表。

宾馆客房预订表

住客（团）姓名*：	入住人数*：
订 房 人*：	联系电话*：
公 司 名 称*：	
入 住 日 期*：	离开日期：
宾馆选择要求：	
房间性质及数量：	标准房 间　单人间 间 商务标准房 间　商务套房 间 豪华套房 间　总统套房 间
如需确认请提供传真或电子信箱：	
航班到港时间：	
其他需要提供的服务：	

提交申请

图 2-2 客房预订单样例

3. 受理预订或婉拒预订

预订员通过查看预订总表或计算机信息，判断客人的预订要求是否与饭店的实际提供能力相吻合。主要包括以下四点：

（1）抵店日期。

（2）客房种类。

（3）用房数量。

（4）住店夜次。

受理预订意味着预订员将根据预订程序从事下一阶段确认预订的服务。

婉拒预订即因客满而婉言拒绝其预订要求，但并非意味着对客服务的终止。如当客人预订的房间类型无空缺时，可征求客人意见，调换另一类型的客房。另外，也可将客人的预订要求、电话号码等记录在"等候名单"上，随后每天检查落实，一旦预订空缺，立即通知客人。

4. 确认预订

确认预订是饭店进一步明确客人的预订要求，并且与客人就房价、付款方式、取消条款等声明达成了正式的协议，尤其是书面确认。

5. 预订资料记录储存

当预订确认书发出后，预订资料必须及时、准确地予以记录和储存，以防疏漏。预订资料一般包括客房预订单、确认书、预订变更单、预订取消单、客史档案卡及客人原始预订凭证等。将同一客人的预订资料装订在一起，且最新的资料存放在最上面，依次顺推，利于查阅。

6. 修改预订

预订客人在实际抵店前，因种种原因可能对其原有预订进行更改或取消。在处理时，预订员应注意以下服务要点：

（1）迅速查找出该客人的预订单，并做出相应标记（更改、取消）。

（2）记录来电者的姓名、电话号码、单位地址等，便于双方进行联系。

（3）修改相应的预订资料，如更改计算机信息、预订总表、预订卡条等，确保最新预订信息的准确性。

（4）若预订的变更内容涉及一些特殊安排，如派车接送、放置鲜花水果等，则需尽快给相关部门发出变更或取消的通知。

（5）尽量简化取消预订的手续。使用预订取消编码是证明预订已被取消的最好方法，例如编码92411wm502，前面三位数表示客人原订的抵店日期，接着的两位数表示该饭店的编号；字母wm则为预订员姓名的两个首位字母；最后3位数则表示饭店预订取消序号。

7. 抵店准备

客人抵店前的准备工作大致分成三个阶段：

（1）第一阶段（客人抵店前一周或数周）。此阶段的准备工作如下：提前一周或数周，将饭店主要客情如 VIP 客人、大型团队、会议接待、客满等信息通知各部门。其方法可采取分发各类预报表的方式，如"十天客情预测表""VIP 客人呈报表"等，也可召开由运转总经理主持的协调会进行。

（2）第二阶段（客人抵店前夕）。客人抵店前，将客情及具体的接待安排以书面形式通知相关部门，做好准备工作。饭店在这方面常使用的表格有："次日预期抵达客人名单""鲜花水果篮通知单"等。

（3）第三阶段（客人抵店当天）。客人抵店的当天，总台接待员应根据客人的预订具体要求，提前排房，并将有关接待细节通知相关部门，共同完成客人抵店前的各项准备工作。

二、预订内容

（1）客人预订的用房日期及时间。
（2）用房人数及标准。
（3）订房客人姓名、单位、联系电话及电传号码。
（4）客房相关要求、其他服务项目或客人的特殊要求。

任务演练 >>

1. 情景模拟，通过角色扮演，掌握客房预订程序

小王：（接听电话）你好，客房预订。

客人：你好，请问能不能帮我订一间房。

小王：好的，请问您需要什么房间？我们有标准间，每晚 680 元；商务房，每晚 880 元；普通套房，每晚 1280 元；商务套房，每晚 1580 元；豪华套房，每晚 1888 元。以上房间都分大床和双床两种，豪华套房带按摩浴缸，商务套房带 Internet 插口。

客人：我订一间标准间，要大床。

小王：好的。请问您需要哪一天？

客人：下周五，住两晚。

小王：下周五，是 4 月 21 号，住两晚，4 月 23 号星期日离店？

客人：是的。

小王：请问您一个人住吗？

客人：不。还有我太太。

小王：请告诉您的全名可以吗？

客人：王君。

小王：王先生，请问您乘飞机还是火车来？我们有免费班车往来火车站和机场。

客人：我们乘火车从上海来。

小王：王先生，请问您的车次？

客人：××次。

小王：王先生，请问您是现金结账还是用信用卡？

客人：现金。

小王：您需要保证您的订房吗？这样我们可以为您保留您的房间。您知道，现在是旅游旺季，我们只负责将普通订房保留至18:00。您可以先用信用卡担保，到时候再用现金就行了。

客人：不用了。我们下午4点就能到了。

小王：请问您的联系电话和传真？我们好及时和您联系。

客人：电话是8-8-5-4-3-2-1，传真8-8-5-4-3-2-2；区号0-2-1。

小王：谢谢，王先生。请您核对以下内容，您订了一间标准大床间，价格折合人民币680元。下周五4月21号到23号。与王太太乘××次列车从上海来。现金结账。您的联系电话是8-8-5-4-3-2-1，传真8-8-5-4-3-2-2；区号0-2-1。

客人：是的。

小王：谢谢您来订房。我们欢迎您的光临。

客人：谢谢，再见。

小王：不用谢。再见。

2. 能力评价

依据小组演练的情况，实行小组内成员互评、小组间互评和教师评价，给出提升建议并进行综合评价，填入表2-2中。

表2-2　能力评价

内容			评价		
学习目标		评价内容	组内成员	小组间	教师
知识	应知应会	预订服务程序	□优□良□差	□优□良□差	□优□良□差
		预订业务要求	□优□良□差	□优□良□差	□优□良□差
专业能力	能独立完成预订服务并解决常见问题	预订服务方法	□优□良□差	□优□良□差	□优□良□差
		预订服务标准	□优□良□差	□优□良□差	□优□良□差
		沟通方法技巧	□优□良□差	□优□良□差	□优□良□差
		服务时间	□优□良□差	□优□良□差	□优□良□差
态度	积极主动、热情礼貌		□优□良□差	□优□良□差	□优□良□差
	有问必答、有求必应		□优□良□差	□优□良□差	□优□良□差
提升建议：			综合评价： □优 □良 □差		

技能训练 ≫

技能训练：客房预订

训练方法：情景模拟，角色扮演。一学生扮演预订员，另一学生扮演订房客人，模拟电话预订客房。

训练要求：（1）服务语言准确、精练，有礼貌。

（2）按预订操作程序细节进行。

（3）表情亲切，体态优雅。

课 后 练 习

一、填空题

1. 客人往往以（　　　）、（　　　）、（　　　）、（　　　）、（　　　）等方式向饭店前厅部客房预订处提出预订要求。

2.（　　　）是饭店进一步明确客人的预订要求，并且与客人之间就房价、付款方式、取消条款等声明达成了正式的协议，尤其是书面确认。

二、简答题

1. 客房预订的服务程序是怎样的？

2. 客房预订的内容有哪些是必须要明确的？

任务三 ▌ 控 制 预 订

任务目标 ≫

➤　了解什么是预订；

➤　了解预订的渠道；

➤　正确认识预订的方式和预订的种类。

任务准备 ≫

➤　场地准备：模拟前厅；

➤　用品准备：模拟电话、计算机、信笺、笔等；

➤　仪容仪表准备：与课人员身着职业装，女生化淡妆、盘发。

任务描述 ≫

某日，正在饭店前台值班的小王接待了一位拖着行李箱要求入住饭店的客人，客人自称姓胡，已提前通过电话预订了本饭店当天的标准间。小王查了预订记录，确实有这位胡先生的预订记录，但是由于此时是旺季，胡先生没有进行保证性预订，所以现在饭店的所有客房都已经住满了客人。请分析，作为饭店前台值班的小王该怎么处理这样的事情呢？

任务分析 ≫

小王遇到的问题是典型的超额预订（Overbooking）问题。饭店客房已满，但还有已经预订的客人前来要求入住，小王应根据超额预订处理的详细程序，妥善处理好这个问题，避免对饭店造成不良影响。

相关知识

一、超额预订的控制

客人向饭店订房，并不都是需要保证类订房的。经验表明，即使饭店的订房率达到100%，也会有一小部分人因为各种原因不能按期抵达饭店、临时取消或提前离店，使饭店利益蒙受损失。因此，为了充分利用客房，提高客房出租率，饭店有必要作超额预订来弥补由于以上原因所造成的损失。

超额预订是指饭店在订房已满的情况下，再适当增加订房的数量，以弥补少数客人订而不到、临时取消或提前离店而出现的客房闲置。

1. 超额预订数量的确定

超额预订应该有个"度"的限制，以免出现因为"过度超额"而不能使客人入住的情况。按国际饭店的管理经验，饭店接受超额预订的比例应控制在 5%～15%。

实施超额预订时应考虑的主要因素有以下几点：

（1）掌握好团体订房和散客订房的比例。团体订房是事先有计划安排的，取消订房或无故不到的可能很小，即使取消一般也会事先通知。而散客订房的特点是随意性大，受外界因素的影响也很大。所以，在团体订房多、散客订房少的情况下，超额预订的比例应小一些；反之，散客订房多、团体订房少，超额预订的比例就可大一些。

（2）掌握预订类别之间的比例。在某一时期内，如果现有预订都是保证类预订，则通常不能实行超额预订。如果保证类预订和确认类预订多，临时性预订少，超额预订的比例就应该小一些；反之，超额预订比例就可大一些。

（3）根据预订情况分析订房动态。订房情况分析是对住客中预订客人和非预订客人的比例进行分析。如果住店客人提前预订的比较多，未经预订而直接到店的客人所占比例较小，那么，超额预订量就可大一些，以免客人取消预订后，造成客房闲置；反之，超额预订量应小一些。同时，对订而不到的单位和个人要做好记录和存档，以后处理超额预订时，就可以先占用过去经常预订而不到店的客人的房间，以增加超额预订数量。

（4）本地区有无同档次饭店。如果本地区有同档次饭店，则可以适当提高饭店超额预订的数量，这样，万一因为超额预订量过大而无法提供房间时，就可以介绍客人到其他同档次或同星级的饭店。

（5）饭店在市场上的信誉。饭店硬件好，服务质量高，服务设施功能齐全，又有良好的交通，一般客人到店率就比较高，超额预订量可适当减小。

（6）根据以往订房资料统计数据测算出超额预订量。公式为

$$超额预订率＝超额预订量/可供客房数×100\%$$

2. 超额预订的处理

超额预订会使已经订房的客人到店后无房可住，造成客人很大不满，不仅容易出现纠纷，还会影响饭店的声誉。所以，饭店应积极采取补救措施，妥善安排好客人住宿，以消除客人的不满，挽回不良影响，维护饭店声誉。一般处理程序如下：

（1）诚恳地向客人解释原因，并赔礼道歉。如有需要，还应由高级管理者亲自出面致歉。

（2）立即联系一家档次相当、风格特色相近的饭店，饭店免费派车专人陪同客人前往。

（3）征求客人意见，询问是否愿意次日搬回饭店。如果愿意，则及时、准确地为其订房。

（4）免费提供一次或两次的长话费或传真费等，以便客人能将临时改变住宿地址的消息通知有关方面。

（5）支付客人在其他饭店住宿期间的第一夜的房费。

（6）通知本饭店总台、总机、商务中心等岗位，注意是否有客人的传真、信件、电话、留言等，若有，则应及时准确地传递给客人。

（7）次日排房时，优先考虑此类客人的用房安排，同时做好客人搬回本饭店时的接待工作，如大堂副理在大厅迎候，陪同客人办理入住手续，房内放总经理亲自签名的致歉信、鲜花、水果等。

（8）事后由前厅部管理人员向提供援助的饭店表示感谢。

（9）详细地做好客史档案记录。

二、饭店有关预订的政策

预订政策的制定不仅满足客人的要求，保护客人的利益，而且有利于饭店的经营管理工作，使预订工作有章可循。同时，预订政策也可作为处理预订中所发生纠纷的依据和规则，保护饭店自身的合法权益。这些政策包括以下几个方面：

（1）饭店客房预订规程。其包括客房预订操作程序，团体与散客预订比例，接受预订的数量、期限、超额预订的比例等。

（2）饭店预订确认条款。明确需要确认的对象、时间、方式等。

（3）饭店预订金的收取条款。明确收取预订金的对象、形式、数量、限期或分段收取的方法等。

（4）饭店预订取消条款。明确通知取消预订的期限、定金的退还手续及落实部门和方

法等。

（5）饭店对预订应承担的责任。明确因工作差错、疏漏、超额预订失误等引起预订宾客无法入住的处理规定，各项条款应便于操作。

（6）饭店预订宾客应承担的责任。明确预订宾客未能如期抵店、逾期抵店、迟缓通知取消预订等的处理规定。

任务演练 ≫

1. 分析任务描述中的问题，讨论小王应采取的措施

小王应按以下步骤妥善处理该问题：

（1）诚恳地向客人解释原因，并赔礼道歉。如有需要，还应由高级管理者亲自出面致歉。

（2）立即联系一家档次相当、风格特色相近的饭店，饭店免费派车专人陪同客人前往。

（3）征求客人意见，询问是否愿意次日搬回饭店。如果愿意，则及时、准确地为其订房。免费提供一次或两次的长话费或传真费等，以便客人能将临时改变住宿地址的消息通知有关方面。

（4）支付客人在其他饭店住宿期间的第一夜的房费。

（5）通知本饭店总台、总机、商务中心等岗位，注意是否有客人的传真、信件、电话、留言等，若有，则应及时准确地传递给客人。

（6）次日排房时，优先考虑此类客人的用房安排，同时做好客人搬回本饭店时的接待工作，如大堂副理在大厅迎候，陪同客人办理入住手续，房内放总经理亲自签名的致歉信、鲜花、水果等。

（7）事后由前厅部管理人员向提供援助的饭店表示感谢。

（8）详细地做好客史档案记录。

2. 能力评价

分组对任务进行演练，实行小组内成员互评、小组间互评和教师评价，给出提升建议并进行综合评价，填入表 2-3 中。

表 2-3　能力评价

内容			评价		
学习目标		评价内容	组内成员	小组间	教师
知识	应知应会	超额预订的控制	□优□良□差	□优□良□差	□优□良□差
		有关预订的政策	□优□良□差	□优□良□差	□优□良□差
专业能力	能独立完成超额预订问题的处理并解决常见问题	超额预订的处理	□优□良□差	□优□良□差	□优□良□差
		服务标准	□优□良□差	□优□良□差	□优□良□差
		沟通方法技巧	□优□良□差	□优□良□差	□优□良□差
		服务时间	□优□良□差	□优□良□差	□优□良□差
态度	积极主动、热情礼貌		□优□良□差	□优□良□差	□优□良□差

续表

内容		评价		
学习目标	评价内容	组内成员	小组间	教师
态度	有问必答、有求必应	□优□良□差	□优□良□差	□优□良□差
提升建议：		综合评价： □优 □良 □差		

技能训练 ≫

技能训练：超额预订后的处理。

训练方法：情景模拟，角色扮演。一学生扮演前厅接待员，另一学生扮演客人，模拟超额预订后的处理。

训练要求：（1）语言要准确、精练，有礼貌。

（2）按超额预订处理方法灵活进行。

（3）表情亲切，体态优雅。

课 后 练 习

一、填空题

1. （　　）是指饭店在订房已满的情况下，再适当增加订房的数量，以弥补因少数客人订而不到、临时取消或提前离店而出现的客房闲置。

2. 超额预订应该有个"度"的限制，以免出现因为"过度超额"而不能使客人入住。按国际饭店的管理经验，饭店接受超额预订的比例应控制在（　　　）。

二、简答题

1. 在一般情况下，如何控制预订？

2. 预订后该如何处理？

任务四 ▎客人抵店前准备

任务目标 ≫

➢ 了解客人抵店前准备工作有哪些？

> 会填写客人抵店前准备的相关表格。

任务准备 ≫

> 场地准备：模拟前厅；
> 用品准备：模拟电话、计算机、信笺、笔、相关表格等；
> 仪容仪表准备：与课人员身着职业装，女生化淡妆、盘发。

任务描述 ≫

根据饭店的客情预报情况，某饭店将在近期接待一些重要的旅游团队，作为前台工作人员，在客人抵店前需要做好准备工作。

任务分析 ≫

任务中涉及的是前台要做好客人抵店前的准备工作，尤其是对于一些大型的重要团队，如 VIP 团队，要根据饭店接待大型团队规范流程，做好提前落实事宜。

⚡ 相 关 知 识

客人抵店前的工作做得是否充分，是否一一落实到位，将直接关系到对顾客的接待服务质量的好坏，因此饭店前台一般都会提前做好客人抵店前的准备工作。具体来说，一般客人抵店前的准备工作大致分成下列三阶段：

第一阶段（客人抵店前一周或数周）。

此阶段的准备工作如下：提前一周或数周将饭店主要客情如 VIP 客人、大型团队会议接待、客满等信息通知各部门。其方法可采取分发各类预报表，如"十天客情预测表""VIP客人呈报表""VIP 客人接待规格呈报表"等方式，也可召开由运转经理主持的协调会进行。

第二阶段（客人抵店前夕）。

客人抵店前夕，将客情及具体的接待安排以书面形式通知相关部门，做好准备工作。饭店在这方面常使用的表格有："次日预期抵达客人名单""鲜花、水果篮通知单"、"特殊要求通知单"等。

第三阶段（客人抵店当天）。

客人抵店的当天，总台接待员应根据客人的预订具体要求，提前排房，并将有关接待细节（变更或补充）通知相关部门，共同完成客人抵店前的各项准备工作。

任务演练 ≫

1. 接待大型团队的准备工作

前台接待员应根据相关知识中所介绍的准备内容，提前做好相关的准备工作，具体如下：

（1）首先填写好"十天客情预测表""VIP 客人呈报表""VIP 客人接待规格呈报表"。
（2）将客情及具体的接待安排以书面形式通知相关部门，做好准备工作。

（3）提前排房，并将有关接待细节（变更或补充）通知相关部门。

2. 能力评价

分组对任务进行完成演练，实行小组内成员互评、小组间互评和教师评价，给出提升建议并进行综合评价，填入表 2-4 中。

表 2-4　能力评价

内容		评价		
学习目标	评价内容	组内成员	小组间	教师
知识 应知应会	客人抵店前有哪些工作	□优□良□差	□优□良□差	□优□良□差
	相关客情通报的表格填写	□优□良□差	□优□良□差	□优□良□差
专业能力 能独立完成客人抵店前得准备工作并解决常见问题	表格填写标准	□优□良□差	□优□良□差	□优□良□差
	服务标准	□优□良□差	□优□良□差	□优□良□差
	沟通方法技巧	□优□良□差	□优□良□差	□优□良□差
	服务时间	□优□良□差	□优□良□差	□优□良□差
态度	积极主动、热情礼貌	□优□良□差	□优□良□差	□优□良□差
	有问必答、有求必应	□优□良□差	□优□良□差	□优□良□差
提升建议：		综合评价： □优 □良 □差		

技能训练 ≫

技能训练：做好客人抵店前的三个阶段的准备工作。

训练方法：学生分组设计相关表格，并组织填写。情景模拟运转经理主持召开协调会。

训练要求：（1）表格设计科学合理。
　　　　　（2）填写正确规范。
　　　　　（3）协调会组织安排有序。

课 后 练 习

一、填空题

1. 客人抵店前夕，将客情及具体的接待安排以书面形式通知相关部门，做好准备工作。饭店在这方面常使用的表格有（　　　）、（　　　）、（　　　）等。

2. 客人抵店的当天，总台接待员应根据客人的预订具体要求，（　　　），并将有关接待细节（变更或补充）通知相关部门，共同完成客人抵店前的各项准备工作。

二、简答题

1. 抵店前一周或数周，前台接待员要做哪些工作？
2. 抵店当天，应做好哪些准备工作？

项 目 总 结

本项目主要介绍了电话预订服务；当面预订服务；预订变更服务；预订应急处理等内容。通过本项目的学习，同学们能够掌握和运用前厅部的预订服务工作的规范服务流程。

项目三
总台接待服务

总台接待一般位于饭店的前台中央，它的主要任务是负责对客的服务接待和客房的销售，是前厅服务与管理的中枢。前天接待工作的质量与效率对于整个饭店形象和饭店的经营有着重要的意义。前台接待处的接待员应掌握接待业务程序和标准。接待处应与饭店的有关部门协调一致，做好入住客人的接待准备工作。

学习目标

➤ 掌握总台接待工作的意义和接待工作程序；
➤ 了解总台接待服务过程中常见问题的处理方法；
➤ 了解总台问询服务、留言服务、外币兑换和保险箱服务；
➤ 熟悉总台收银和结账服务的主要内容。

任务一 ▏ 认识接待服务

任务目标 ≫

➤ 了解什么是前台接待服务；
➤ 接待服务准备；
➤ 客房的显示及控制。

任务准备 ≫

➤ 场地准备：联系某饭店前厅接待部准备相关场地；
➤ 仪容仪表准备：与课人员身着职业装，女生化淡妆、盘发。

任务描述 ≫

某日，正在饭店前台值班的小王接待了从北京来的旅游团，旅游团的导游导游人员来到前台，拿出了饭店的接待计划单。作为前台的小王如何接待这个旅游团呢？

任务分析 ≫

小王接下来的处理，就是要分清楚接待对象的属性，是个人、团队还是 VIP 客人。小王应根据游客的属性，做好接地准备。

相关知识

一、接待准备

前厅接待处（图 3-1）的主要职责是接待散客和团队的客人，完成他们的入住登记，并根据不同地区和国家的客人的住宿要求，合理地安排房间。为了缩短办理入住登记的时间，提供准确、快捷的服务，接待员应做好接待前的准备。接待处应按照预订客人的情况进行分房，客房的预分方案按以下顺序进行。

图 3-1　前厅接待处

1. 制订用房预分方案

为了方便顾客，同时对客房的分配进行有效管理，接待人员应对事先预订的散客和团队根据预订确认书中要求的房间类型和数量，提前制订用房预分方案。

（1）VIP 客人用房的预分。

（2）常客用房和有特殊要求的用房的预分。

（3）团队用房的预分。

2. 检查待出售房间状况

对预留的房间，接待人员要同客房部保持联系，注意计算机终端客房状况的变化，尽快使待出售房间进入销售状态。特别是对 VIP 客人的房间，要由大堂副理亲自检查。前台主管要反复查预分房间是否合适，有无差错。

3. 准备好可销售房间

饭店除了要接待已提前订房的客人外，还要接待相当部分未预订而临时抵达的客人，所以，接待人员必须查明当日可供出租的房间总数，以及近期的客房状况和客情，以决定当日有多少房间可供向未预订客人提供。

4. 准备入住资料

将登记表（图 3-2）、欢迎卡（图 3-3）、宾馆客房卡（图 3-4）、账单和其他有关单据、表格等按一定的顺序摆放，待客人入住登记时使用。

培训中心
Training Center

国内旅客住宿登记表

入住日期：　　年　　月　　日房号　　楼　　房　　时间

姓名	性别	籍贯	出生日期	工作单位或地址
住宿天数	何处来	去何处	来此地事由	证件名称及号码

日房租		预付款		结算方式		客人签名	

同宿人	姓名	性别	籍贯	出生日期	关系	证件号码. 工作单位或住址

敬告宾客：
1. 退房时间是中午 14：00　　2. 寄存处免费寄存贵重物品
3. 房租不包括房间里的酒水食品饮料　　4. 访客请在 23：00 前离开客房

有无贵重物品及现金　有□无□
敬请签名

退房日期：	楼层服务员：	总台接待员：	收银员：
备注			

第一联　总台存查　第二联　送楼层开放凭证　第三联　问讯送楼层开房凭证

图 3-2　国内旅客住宿登记表样例

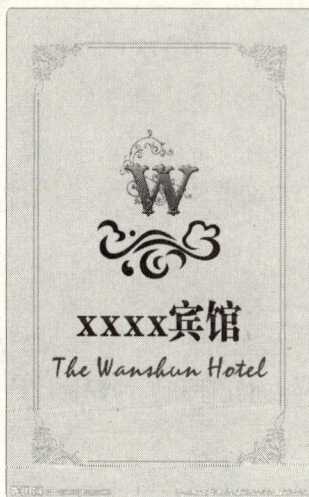

图 3-3　欢迎卡

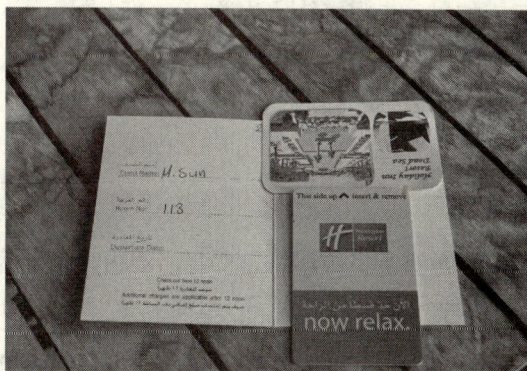

图 3-4　宾馆客房卡

二、客房状况的显示及控制

目前，饭店的客房状况显示系统一般有两种，客房现状显示系统和客房预订状况显示系统。

1. 客房现状显示系统

其又称客房短期状况显示系统，可显示每一个房间的即时状态。前台接待处的排房和房价等工作完全依赖此系统。一般营业中的饭店，其客房可能处于以下几种状态：

（1）空房：客房已经打扫干净，一切准备就绪，随时可出租使用。

（2）住客房：该客房已出租，正由客人占用，尚未离店。

（3）走客房：客房的客人已退房，现在正由服务员打扫整理，就绪后可供出租。

（4）待修房：该房间将要或目前正在进行内部整修，近期不能出租。

2. 客房预订状况显示系统

其又称长期状况显示系统。在未使用计算机联网系统的饭店，之一系统是通过"客房预订汇总表"及预订情况显式架显示未来某一时间内，某种类型客房的可销售量。

饭店计算机联网系统，是综合显示客房状态的计算机设备系统，目前广泛适用于客房数量多、种类复杂、客流量大的大、中型饭店。在前台接待处、前台收银处，以及客房值班中心配有网络的计算机终端机，各部门可通过操作终端机来了解、掌握、传递有关客房状况的信息。这不仅加快了相互沟通、联络的速度，更能提高工作效率，避免工作差错。同时，饭店计算机联网系统不仅仅适用于显示客房状况，还具有各种功能帮助进行客史档案建立、客账管理、各种报表形成、营业收入汇总等，可用于前台及整个饭店的管理工作。

任务演练 ≫

1. 前台接待旅游团队

小王应按以下步骤接待该旅游团：

（1）制订用房方案，按照团队处理。

（2）查询客房状况。

（3）分发团队房卡，并做登记。

2. 能力评价

分组对任务进行完成演练，实行小组内成员互评、小组间互评和教师评价，给出提升建议并进行综合评价，填入表3-1中。

表3-1 能力评价

内容		评价			
学习目标		评价内容	组内成员	小组间	教师
知识	应知应会	接待服务程序	□优□良□差	□优□良□差	□优□良□差
		接待业务要求	□优□良□差	□优□良□差	□优□良□差
专业能力	能独立完成接待服务并解决常见问题	接待服务方法	□优□良□差	□优□良□差	□优□良□差
		接待服务标准	□优□良□差	□优□良□差	□优□良□差
		沟通方法技巧	□优□良□差	□优□良□差	□优□良□差
		服务时间	□优□良□差	□优□良□差	□优□良□差

续表

内容		评价		
学习目标	评价内容	组内成员	小组间	教师
态度	积极主动、热情礼貌	□优□良□差	□优□良□差	□优□良□差
	有问必答、有求必应	□优□良□差	□优□良□差	□优□良□差
提升建议:		综合评价: □优 □良 □差		

技能训练 >>

技能训练:同学们两人一组,分别模拟扮演接待顾客流程。

训练方法:学生分组扮演,教师点评。

训练要求:(1)工作流程完整。

(2)接待流程准确,处理灵活。

(3)服务礼貌。

课 后 练 习

1. 前台接待的主要职责有哪些?
2. 对不同的客人,前台接待该如何做好准备工作?
3. 简述客房的状态种类。

任务二 推 销 技 术

任务目标 >>

➢ 了解成功推销客房的前提;

➢ 掌握推销客房的技巧。

任务准备 >>

➢ 场地准备:饭店;

➢ 仪容仪表准备:与课人员身着职业装,女生化淡妆、盘发。

▶▶

前台接待小王接到电话，一位美国客人打电话预订标准间，但是房间满了，此时小王该如何推销饭店其他客房呢？

任务分析 ▶▶

客房是饭店经营的主要商品，客房销售是前厅工作的首要任务。接待员小王需要掌握客房销售艺术与技巧，在接待过程中才能成功将客房推销给客人。

相关知识

一、成功推销客房的前提

前台接待人员必须具备良好的素质，掌握相应的知识和信息，才能在接待过程中成功地将客房及饭店其他产品推销给客人。具体讲，成功推销客房的前提包括几个方面：

1. 熟悉、掌握本饭店的基本情况和特点

这包括饭店的地理位置和交通情况、装修、布局风格及特点、饭店的相关销售政策、推广政策、房间的类型、面积、朝向、价格、设施设备等。了解和掌握上述信息是做好客房销售的先决条件。

2. 了解、掌握竞争对手饭店的产品情况

接待人员除了解本饭店产品的基本情况外，还需要了解同行业竞争对手产品的质量、内容特点及价格等，扬长避短，找出饭店的特点和优势，加以推广和宣传。

3. 熟悉本地区的旅游项目与服务设施

应了解本地旅游资源的特点以及相关举行的活动，向客人推广，以便增加其在本地逗留的时间和机会，从而提高客人的入住概率和饭店的收入。

4. 认真观察、掌握客人的心理及需求

销售房间看似简单，其中却包含很强的艺术性、技巧性，它来源于对客人言谈举止的细心观察和判断，取决于对客人消费心理的正确把握。与客人进行沟通和交流，有利于成功地推销客房及其他饭店产品。

5. 接待人员推销时要积极、热情

不可否认，个人的性情在推销过程中对推销效果产生很大的影响，接待员的热情、开朗，对客的积极、主动，对产品的自信心都是成功推销的前提和必要保障。

二、客房商品的推销技术

前台接待人员不仅要接受客人预订，为客人安排房间，还要善于推销客房及其他产品，最大限度地提高客房出租率，增加饭店的综合销售收入。接待人员的推销要讲究技巧，主要包括以下几个内容：

1. 强调客人受益

接待员要将价格转化为能给客人带来的溢出利益和满足感，并对客人进行启迪和引导，促成其转化为购买行为。因为客人对产品价值和品质的认识程度不一样，比如相同的价格，有些客人认为合理，有些客人则感到难以承受。当接待员遇到一位因房价偏高而犹豫不决的客人时，可以这样介绍："这类客房的床垫、枕头具有保健功能，可以让您在充分休息的同时，还能起到预防疾病的作用。"而另一位接待员可能是这样推销的："这类客房价格听起来高了一点，但它配有冲浪浴设备，您不想体验一下吗？"强调客人受益，增强了客人对产品价值的理解程度，从而提高了客人愿意支付的价格限度。

2. 替客人下决心

许多客人并不清楚自己需要什么样的房间，在这种情况下，接待人员要认真观察客人的表情，设法理解客人的真实意图、特点和喜好，然后按照客人的兴趣爱好，有针对性地向客人介绍各类客房的特点，消除其疑虑。假若客人仍未明确表态，接待员可以运用语言和行为等方式和技巧来促使客人下决心进行购买。例如，递上入住登记表说："这样吧，您先登记一下……"或"要不您先住下，如果您感到不满意，明天我们再给您换房。"等；也可以在征得客人同意的情况下，陪同客人实地参观几种不同类型的客房，让客人对饭店客房产品有感性认识，当他们亲自看了客房设施后，可能会迅速做出住宿的决定。即使客人不在这里住宿，他们也会记住这家饭店的热情服务，可能会推荐给亲友或下次来投宿。这样，既消除了客人可能的疑虑，又展示了饭店的信誉及管理的灵活性。

3. 进行房价分解

通常，饭店为获得更多的营业收入，都要求接待员先推销高价客房。而价格是最具敏感性的因素，有时客人一听到总台的报价，就可能会被吓退，从而拒绝购买。此时就要将价格进行分解以隐藏其"昂贵性"。例如，某类型客房的价格是450元，报价时可将其中的50元自助早餐费从房价中分解出来，告诉客人实际房价时400元；假如房费包含洗衣费或健身费等其他项目，同样也可进行价格分解。这样，客人心目中高价的概念就会被大大弱化。所以，采用价格分解法，更易打动客人，促成交易。

4. 使用第三者意见

当客人选择房间犹豫不决时，或有可能放弃住宿本饭店想法时，前台接待员可适时使用第三者意见来尽早成交。这种技巧常用于买卖双方各自为了维持自己的看法相持不下的时候。"第三者"可以是某一位顾客，某一位旁观者或是另一位服务员，也可以是某一件事、某一种现象或是某一个统计数字等。但这个"第三者"必须是对做出决定有影响作用者，否则会适得其反。例如，第三者可以说"我住过这种房间，确实不错""许多客人都非常喜欢这种房间"，等等。

5. 推荐高档客房和其他服务与设施

在客房销售中可以向客人推荐适合其他地位的、较高价格的客房。根据消费心理学，客人常常接受服务员首先推荐的房间，如客人不接受，再推荐价格低一档次的客房，并介绍其优点。这样由高到低，逐层介绍，直到客人做出满意的选择。这种方法适合于向未经预订而直接抵店的客人推销客房，从而最大限度地提高高价房的销售量和客房整体经济效益。

在宣传推销客房的同时，还应推销饭店的其他服务设施和服务项目，如餐饮、康乐、商务等，以使客人感受到饭店产品的综合性和完整性，同时还可增加饭店的营业收入。例如，客人深夜才抵店时，可以向客人介绍 24 小时营业的酒吧或房内送餐服务；如果客人带着小孩来店，可以向客人推荐饭店的托婴服务等。

6. 选择适当的报价方式

报房价时，不能只报金额，而不介绍房间的设施和特色。不同的报价方式适用于不同类型的房间推销，主要有以下三种报价方式：

（1）"冲击式"报价。即先报出房间价格，再介绍房间所提供的服务设施和服务项目等，这种报价方式适合推销价格比较低的房间，以报价打动客人。

（2）"鱼尾式"报价。先介绍房间所提供的服务设施和服务项目及客房的特点，最后报出房价，突出产品质量，减弱价格对客人购买的影响。这种报价方式适合推销高档客房。

（3）"夹心式"报价。这种报价方式是将价格置于所提供的服务项目中，以减弱直观价格的分量，增加客人购买的可能性。这种报价方式适合于中、高档客房的销售，针对消费水平高、有一定地位和声望的客人。

案例分析 ≫

有一天，南京某五星级饭店前厅部的小王接到一位美国客人从上海打来的长途电话，想预订两间每天收费在 120 美元左右的标准间客房，三天以后开始住店。

小王马上翻阅了一下订房记录表，回答客人说由于三天以后饭店要接待一个大型国际会议的多名代表，标准间客房已经全部订满了。小王讲到这里并未就此把电话挂断，而是继续用关心的口吻说："您是否可以推迟两天来，要不然请您直接打电话与南京其他同档次饭店去联系，如何？"

美国客人说："南京对于我们来说是人地生疏，你们饭店比较有名气，还是希望你给想想办法。"

小王思考了一下，接着用商量的口气说："感谢您对我们饭店的信任，我们非常希望能够接待像您这样尊敬的客人，请不要着急，很乐意为您效劳。我建议您和朋友来南京后，可以先住两天我们饭店的套房，套房内有红木家具和古玩摆饰，在套房内您还可以眺望紫金山的优美景色，并且我们提供的服务也是上乘的，这样一间套房每套每天也不过收费 200 美元，相信你们住了以后一定会满意的。"

小王讲到这里故意停顿了一下，以便等客人的回话，对方沉默了一些时间，似乎在犹豫不决，小王于是又开口说："我想您并不会单纯计较房费的高低，而是在考虑这种套房是否物有所值，请问您什么时候、乘哪班火车来南京?我们可以派车到车站接您，到店以后我一定陪您和您的朋友亲眼参观一下我们的套房，然后再决定也不迟啊。"

美国客人听小王这么讲，倒感到有些面情难却了，最后终于答应先订两天套房后。

思考:

前厅部小王为什么能够成功说服客人接受价格较高的套房?

分析:

前厅员工在平时的岗位促销时，一方面要通过热情的服务，另一方面则有赖于主动、积极的促销，只有掌握销售心理和语言技巧才能奏效。

上面案例中的小王促销高档客房时，确已掌握了本项目"客房销售技巧"中的"强调客人受益"的方法，也就是要使客人的注意力集中于他付钱租了房后能享受到的服务，要将客人的思路引导到这个房间是否值得甚至超过他所付出的。小王之所以能成功，还在于他不引导客人去考虑盲从，而是用婉转的方式进行"鱼尾式报价"，以减少对客人的直接冲击力，避免使客人难于接受而陷入尴尬。小王的一番话使客人感觉自己受到尊重，并且提出了申请、合乎情理的建议，在这种情况下，客人反而很难加以否定回答说"不"，从而终于实现了饭店前厅都积极主动促销的正面效果。

任务演练 >>

1. 完成任务

电话推销客房。

小王应按以下步骤处理问题:

(1)礼貌的电话接待。

(2)查询客房状况。

(3)把握美国客人的特点，推销他所需要的产品。

(4)突出客房产品的价值，而非价格。

2. 能力评价

把全班分成四个小组，并选出领班、服务人员以及旅客，然后每个小组的旅客分别扮演不同类型的客人，每组的领队和服务员针对不同的客人来推销客房。实行小组内成员互评、小组间互评和教师评价，给出提升建议并进行得分评价，填入表3-2中。

表3-2 能力评价

内容			评价		
学习目标		评价内容	组内成员	小组间	教师
知识	应知应会	推销准备工作	□优□良□差	□优□良□差	□优□良□差
		客人熟悉程度	□优□良□差	□优□良□差	□优□良□差
专业能力	针对不同客人的推销技术	推销技术明确	□优□良□差	□优□良□差	□优□良□差
态度	积极主动		□优□良□差	□优□良□差	□优□良□差
	团结合作		□优□良□差	□优□良□差	□优□良□差

内容		评价		
学习目标	评价内容	组内成员	小组间	教师
提升建议：		综合评价： □优 □良 □差		

技能训练 ≫

技能训练：设计一个你认为合理的客房销售技巧。

训练方法：学生分组完成任务，组内合作，教师点评。

训练要求：（1）销售技巧切实可行。

（2）讨论结果科学合理。

（3）小组同学团结合作。

课后练习

一、简述题

1. 如何成功地推销客房？

2. 简述推销客房的技巧。

二、案例分析

某饭店是一家接待商务客人的饭店，管理很严格。一天晚上11点，来了两位客人，恰好是总台主管小王在值班，小王很礼貌地招呼客人，并热情地向客人介绍饭店的客房。听了小王的介绍后，客人对饭店的客房非常满意，同时，他们告诉小王，公司对出差住房的报批价格有规定，希望能给予房价七折优惠。按照饭店规定，总台服务台主管只能有提供八折的权限，此时部门经理早已经下班回家了。小王想是否多销售两间客房对自己也没多大关系，于是非常礼貌地拒绝了两位客人的要求。最后两位客人不得不失望地离开这家饭店。

想一想：（1）造成这两位客人离开的原因是什么？

（2）饭店从这件事情中应吸取什么教训？

（3）如果你遇到这种情况，将如何处理？

任务三 散客和团队客人入住登记服务

任务目标 ≫

➤ 掌握散客和团队办理入住登记的程序；

➤　了解总台接待服务过程中常见问题的处理方法。

任务准备 ≫

➤　场地准备：联系某饭店总台接待处；
➤　仪容仪表准备：与课人员身着职业装，女生化淡妆、盘发。

任务描述 ≫

联系一家五星级饭店，在饭店前厅接待部观察学习，归纳总结出散客和团队入住的登记服务程序。

任务分析 ≫

饭店的客人整体上可以分为散客和团队，在饭店前厅观察学习的过程中，要注意归纳总结针对不同旅客，饭店的登记服务是如何进行的。

⚡ 相关知识

入住登记是前厅部对客服务全过程中的一个关键阶段，其工作效果将直接影响到前厅功能的发挥，同时，办理入住登记手续也是客人与饭店间建立真实的合法关系的最根本环节。

一、办理入住登记的目的

（1）遵守国家法律中有关入住管理的规定。
（2）获得客人的个人资料。
（3）满足客人对客房和房价的要求。
（4）推销饭店服务设施，方便客人选择。
（5）为客人入住后的各种表格及文件的形成提供可靠的依据。

二、散客入住登记程序

1. 准备工作

入住登记前的准备工作有助于缩短登记的过程，我们可以利用预订阶段收集的宾客信息来完成入住登记的准备。做好入住登记准备工作的最突出好处就是，客人只要确认入住登记卡上的信息并签字确认即可，大大加快了客人在前台等待的时间。准备工作内容主要包括：
（1）规范整齐的拜访所需要的表格、房卡以及其他一些必需的办公用品。
（2）根据饭店财务制度的规定，领取足够的备用金。
（3）查看房间状态，了解当天的入住情况、所剩房间类型及数量。
（4）查看预计到客名单和 VIP 名单。
（5）检查计算机系统是否正常以及其他所需物品是否充足。
（6）查看交接班日志，根据需要做相应准备。

2. 迎接宾客

无论您使用哪一种语言，接待员应该掌握以下三个诀窍：微笑、保持目光接触并且尽可能使用客人的名字与之交流。

3. 确认有无预订

在查找预订信息后，需要与客人一起再次确认预订的信息，如房间的折扣以及价格，客人入住和离开的时间，客人的数量及房型等。确认房价及折扣时，一般不宜大声讲出，而是用笔指出或者写出给客人以避免客人的尴尬。如果是公司根据合同与饭店统一结账，则只需要客人签字确认入住时间及服务内容等信息即可。

4. 填写入住登记

不同的饭店可能会有不同样式的入住登记表格供客人填写（表3-3和表3-4）。填写入住登记表的意义不仅仅是上级部门的要求和在安全上的考虑，它还是建立客史档案的基础。入住登记表的栏目每个饭店不尽相同，但是至少应包括以下三个方面的信息：个人信息、在饭店住宿的信息、付款方式及免责声明。最后，需要客人签字确认信息的正确性并表示认可。

表 3-3　国内客人住宿登记表

房号：　　　　　　房租：　　　　　　接待员：

姓名	性别	年龄	籍贯		工作单位	职业
			省　市　县			
地址				从何处来		
身份证或其他证件名称			证件号码			
来宿日期			退宿日期			

同宿人	姓名	性别	年龄	关系	备注	

请注意：

1. 退房时间是中午12:00。
2. 贵重物品请存放在收款处之一免费保险箱内，阁下之一切物品之遗失，饭店概不负责。
3. 来访客人请于23:00前离开房间。
4. 房租不包括房间里的饮料。

离店时我的账目结算将交付：

☐　现金

☐　旅行社凭证

☐　信用卡

客人签名

表 3-4　境外客人临时住宿登记表

REGISTRATION FORM OF TEMPORARY RESIDENCE FOR VISTORS

用正楷字填写（IN BLOCK LETTERS）　　日期（DAILY RATE）：

房号：

姓名：　FIRST NAME: SURNAME:　MIDDLE NAME:	出生日期： DATE OF BIRTH:	性别： SEX:	国籍或籍贯： NATIONALITY OR AREA:
停留事由： OBJECT OF　STAY:	入住日期：　DATE OF ARRIVAL:	退房日期：DATE OF DEPARTURE:	公司名称或职业： COMPANY NAME OR OCCUPATION:

国（境）外住址：HOME ADDRESS:

PLEASE NOTE: 1. CHECK OUT TIME IS 12:00 NOON. 2. VISITORS ARE REQUESTED TO LEAVE GUEST ROOMS BY 11:00 PM. 3. ROOM RATE NOT INCLUDING BEVERAGE IN YOUR ROOM.	离店时我的账目结算将由： ON CHECKING OUT MY ACCOUNT WILL BE SETTLED BY: ☐　☐ CASH　　T/A VOUCHER ☐　CREDIT　CARD ☐　COMPANY GUEST SIGNATURE:_____

以下由服务员填写 FOR CLERK USE

护照或证件名称：	号码：	签证种类：	签证号码：	签证有效期：
签证签发机关：	入境日期：	口岸：	接待单位：	

备注：REMARKS:

值班服务员签名：

CLERK SIGNATURE:

5. 核对客人证件与签证

在客人填写入住登记表的同时可以要求客人出示其身份证明，如护照和签证、台胞证、居民身份证等。前台人员需要仔细核对证件与入住登记表上的信息，同时还必须按照公安部门的要求扫描并上传证件扫描信息。如果前台人员疏忽此问题，极有可能为饭店和社会甚至国家带来安全上的隐患。

6. 安排房间

如果该预订客人的房间已经分配完毕，接待员只需与之再次确认即可。如果还未分配，则需要检查饭店目前的状态，仔细考虑客人的要求，并且适时地促销饭店更高级别的房间。最后，为客人找到一个干净、满意的空房间。

如果暂时无法安排房间，必须要向客人说明情况并请客人谅解，采取措施尽快为客人安排房间，如为客人寄放行李，请客人到大堂吧暂时休息等，并向客人说明预计何时能为客人安排房间。如果情况比较复杂，可请主管或者经理帮助解决。

7. 处理客人的特殊要求

如果预订信息里有一些特殊的要求，比如对房间的朝向、吸烟与否、靠近电梯与否等的要求，前台的接待人员需要与客人再次确认并且尽力满足客人的要求。

8. 收取押金或者信用卡

无论是客人打算采用现金或是信用卡或者其他可以接受的付款方式付费，饭店对前台接待人员的要求就是确保付款的最终实现。结账的效率通常取决于入住登记阶段确定的客人付款方式。在入住登记时，收取一定数量的押金和获得的信用卡授权的额度会大大维持结账时的坏账率稳定。

9. 制作钥匙（牌、卡）

确保了宾客付款的最终实现之后，接待员就需要完成入住登记的最后一个步骤——分发钥匙。这一步同样需要接待员认真对待，因为客房钥匙的被盗、丢失和失控都会对饭店构成威胁。而安全是客人选择饭店的首要条件之一。图3-4所示为客房门卡。

10. 告别致谢

在完成钥匙制作后，入住登记工作即将结束。这时，前台接待员将客人的证件、信用卡归还客人，并将钥匙装在一个纸套中递给客人。在将钥匙交给客人的时候，很重要的一条就是不能将客人的房间号码大声说出。应该将房间号码写在房卡的封套上，并且指给客人看。

11. 行李/引导服务

饭店如果提供行李服务，总台接待员还应该询问客人是否需要行李员帮忙。如果客人需要行李服务，应把行李员介绍给客人，把钥匙交给行李员并叮嘱行李员把客人送至房间。如果不需要行李服务，也应该指引客人电梯的位置以及餐厅位置等信息，礼貌地与宾客告别，并且希望客人在饭店期间能够有一个愉快的经历。

12. 结束登记服务

送别客人并不意味着登记结束。通常，我们需要将客人的信息及档案做一些收集归档工作。此外，如果入住时接待员承诺满足客人的要求，也需要做好跟进工作，以保证客人的要求能够及时得到满足。

三、团队入住登记程序

1. 准备工作

由于旅游团的行程比价确定，轻易不会发生改变，所以需要前台服务人员尽可能地做好准备工作。包括：

（1）详细的团队日程安排表；

（2）团队的领导或导游、驾驶员名单；

（3）与销售部或预订部再次确认团队的行程是否发生改变，必要时也可直接联系；

（4）根据团队成员的名单，填写入住登记表；

（5）如果团队有其他特殊要求，也需要及早做好准备。

2. 安排房间

团队入住房间的安排，特别是大型团队的房间安排，通常在头一天的夜班就已经开始。前台接待员需要准备足够的可出租房，预制的房卡，团队人员住宿登记表，填写了个人信息的入住登记表等。

3. 迎候宾客

迎接旅行团客人可以从客人到达饭店所在的城市开始，如飞机场和火车站。在饭店之外迎接客人的好处在于能够使前台准确掌握客人到达饭店的时间、人数等信息，使前台做好充足准备。

4. 入住登记

团队客人到达饭店后，并不需要每一位团队成员逐一到前台办理入住登记，而是由旅行团队的领队或者导游向客人收集有效身份证件，然后集中到前台统一办理。

旅行团队通常需要安排同一房型的房间，避免让客人觉得饭店有差别对待，从而产生不必要的纠纷。表3-5所示为团队人员住宿登记表。

5. 核对客人证件

由领队或者导游统一收集客人的有效证件，经前台人员核对、扫描之后，再由领队或者导游发还客人。前台人员需要认真仔细核对，避免错误，同时也要抓紧时间，保证速度。

表 3-5 团队人员住宿登记表

团队名称：　　　　　　　　日期：　　年　月　日至　　　　年　月　日

Name of Group:　　　　　Date:　　Year　Mon　Day　Till　Year　Mon　Day

房号： Rm No.	姓名： Name in full	性别： Sex	出生年月日： Date of Birth	职业： Occupation	国籍： Nat.	护照号码： Passport No.
何处来：				何处去：		
留宿单位：				接待单位：		

导游签名：　　　　　　　　　　接待员签名：

6. 团队账目

通常，团队的账目结算是由销售部和财务部与旅行社或者代理人之间完成的，前台需要提供经领队或导游签字确认的账单。

7. 分发钥匙（牌、卡），结束登记

根据旅行团队领队的房间安排为宾客分发钥匙，并做好记录。这样，在客人向饭店询问其他成员的房间号码时，前台接待人员或者客户关系人员能够准确回答，同时也利于在最后结账时明确向何人收取费用。

8. 结束入住登记

送别客人并不意味着登记结束。前台部还需要按照客人的信息及档案做一些收集归档工作。如果入住时接待人员承诺满足客人的要求，也需要前台接待人员做好跟进工作，以保证客人的要求能够及时满足。

任务演练 ≫

1. 任务登记

教师根据学校实际情况，联系当地的一家饭店，组织学生实地前往该饭店的前厅部，让学生直观认识接待工作，并且学会客人登记工作。

2. 能力评价

分组进行调查研究，成员互评、小组间互评和教师评价，给出提升建议并进行综合评价，填入表3-6中。

表3-6 能力评价

内容			评价		
	学习目标	评价内容	组内成员	小组间	教师
专业能力	通过调查研究了解VIP客人的入住办理程序	表格制作	□优□良□差	□优□良□差	□优□良□差
		结论的有效性	□优□良□差	□优□良□差	□优□良□差
态度	积极主动		□优□良□差	□优□良□差	□优□良□差
	团结合作		□优□良□差	□优□良□差	□优□良□差
提升建议：			综合评价： □优 □良 □差		

技能训练 ≫

技能训练：设计一个饭店VIP客人入住登记表格。

训练方法：学生分组设计自己认为合理的饭店VIP客人入住登记表格，教师点评。

训练要求：（1）符合饭店接待的服务礼节。

（2）符合前台接待的工作程序。

（3）突出VIP客人身份。

（4）团结合作。

课后练习

1. 简述饭店办理入住登记的内容。
2. 简述散客、团队客人如何办理入住登记。
3. 讨论：旅游团队和会议团队办理入住时有哪些不同？

任务四 处理入住期间的常见问题

任务目标 ≫

➢ 了解处理客人换房、续住、延迟服务、卖重房、加床、押金不足等问题的工作规范。

任务准备 ≫

➢ 场地准备：教室；
➢ 仪容仪表准备：与课人员身着职业装，女生化淡妆、盘发。

任务描述 ≫

把全班分成四个小组，并选出领班、服务人员以及客人，每组同学模拟遇到客人换房情景，然后在领队的带领下，讨论如何处理客人换房问题。

任务分析 ≫

遇到换房的问题，接待员首先要掌握相关部门规范，礼貌接待客人，了解客人换房的原因，再根据饭店换房的工作规范进行处理。

相关知识

一、换房

客人办理入住登记手续入住后，对客房的位置、朝向、大小、设备使用情况等方面有所了解，在此情况之下，有的客人会觉得房间不够理想，就会向前台提出换房要求，此时饭店应尽可能满足客人的要求。

饭店有时也会由于自身的原因要求客人换房。如客房设备损坏，维修需要较长时间时，饭店会主动为客人换房；住客超过原计划住店天数续住，而事先其他预订该房的客人快要入住时，饭店也可能要求原住客换房。

在了解换房原因后，接待员应查看房态情况，看是否有和客人原住房档次相同的客房。

如果换房后房间档次提高了，是客人原因要求换房的，则要加收房费；如果档次相同就不需要另收费用，但要向客人表示歉意。

二、续住

接到客人要求续住后，要问清客人的姓名、房号、续住时间，然后查看当日和近期的客房预订情况，核实客人续住是否会导致超额预订。在饭店旺季期间，更要特别注意这个问题。接着请客人重新交纳押金，重新把房卡做一遍，输入新的结算时间。最后还要更改计算机中客人的离店时间，并通知客房部楼层客人额续住情况。

三、延迟退房

一般地，饭店的退房时间为中午 12:00，如客人需延迟离店，须向客人说明加收取半天（下午 6:00 前）或一天的房费（超过下午 6:00），特殊情况的需请示部门经理，请示情况须记录在账单的备注栏上。

四、卖重房

卖重房，简单地说就是把同一房间重复出售给不同的客人。卖重房的原因包括：由于工作疏忽，接待处将客房已售出，但房态未能及时更改过来，导致该房间重新销售；由于未能与客房部保持及时的信息沟通而无法掌握最新的楼层实际房态，导致卖重房。

卖重房会给该客房的原住客和新来的客人带来不悦，造成较大的负面影响，所以饭店应充分重视这个问题，特别是以手工操作工作业务为主的饭店。为了有效预防此类情况，行李员带新入住的客人进房前，应先敲门，如果发现客房内有住客，应马上向双方客人致歉，然后请新入住客人在楼层稍候，电话报告接待处。接待处核实情况后，应马上找出一间相近楼层的同类型客房，填写和制作新的房卡，安排另一个行李员送上楼层，并收回原来的房卡。

案例分析 ≫

凌晨一时许，张先生从外面应酬回来，拖着疲惫的身躯打开 328 的房门，心想终于可以好好休息了。将灯打开，猛然间发现床上赫然躺着一个熟睡的陌生人，而对方也被突如其来的灯光给吓醒了，看到有人半夜进来，大呼："你是谁？怎么三更半夜地跑到我的房间里来了？"无辜的张先生以为是自己真走错了房间，便拿着房卡来到总台。经服务员读卡确认后，确是 328 的房卡，职业的敏感使得服务员察觉到这是上一班人员卖重房了，赶快向张先生道歉，并急忙给客人重新安排了一间房间。

没过几分钟，被惊醒的 328 房间的客人打来了电话，怒吼道："你们怎么搞的，怎么让陌生人来我的房间，房费我不付了，让你们老总马上向我道歉。"说完便啪的一声挂了电话。面对这样难收拾的场面，服务员小英还是第一次碰到，这么晚了，只能请示值班经理。经过值班经理的再三道歉，并答应客人免掉今天的房费，客人的怒气才算平息。

后经调查，原来是中午房间比较紧张，张先生拿走的 328 属于脏房入住，需整理，但中班接待员小刘忙乱中也忘记通知房务中心及时修改 328 房态。此外，张先生拿走房卡就出去应酬了，未进入 328 房间，所以楼层服务员在查房时也未能发现任何疑处，就这样导致了二次卖房的发生，事后，服务员小刘依照规定受到处罚。

分析：

卖重房事件属于前厅接待中的"高压线"，总台接待员小刘负有不可推卸的责任。从另一个角度也警示饭店，总台服务不仅要讲求高效率，更要讲求细致和细心。

五、加床

一个标准间，正常情况下只能住两个成年人，如果要住三个成年人，则须加床。客人加床大致分两种情况：一是客人在办理登记手续时要求加床，二是客人在住宿期间要求加床。饭店要按规定为加床客人办理入住登记手续，并为其签发房卡，房卡中的房费为加床费，加床费将转至住客付款账单上。如果客人在住宿期间要求加床，那么第三个客人在办理入住登记手续时，入住登记表需由支付房费的住客签名确认。

任务演练 》

1. 处理客人换房要求

根据以下步骤完成任务：
（1）礼貌接待客人。
（2）了解客人换房原因。
（3）协助客人换房间。

2. 能力评价

把全班分成四个小组，并选出领班、服务人员以及客人，每个小组的客人分别扮演不同类型的住客，然后每组的领队和服务员针对不同类型的客人来处理换房、续住和延迟退房等问题。分组进行调查研究，成员互评、小组间互评和教师评价，给出提升建议并进行综合评价，填入表 3-7 内。

表 3-7　能力评价

内容		评价		
学习目标		评价内容	组内成员	小组间	教师
知识	应知应会	准备工作	□优□良□差	□优□良□差	□优□良□差
		客人熟悉程度	□优□良□差	□优□良□差	□优□良□差
专业能力	针对不同问题的处理方式	规范熟悉程度	□优□良□差	□优□良□差	□优□良□差
态度	积极主动		□优□良□差	□优□良□差	□优□良□差
	团结合作		□优□良□差	□优□良□差	□优□良□差

续表

内容		评价		
学习目标	评价内容	组内成员	小组间	教师
提升建议：		综合评价： □优 □良 □差		

技能训练 ≫

技能训练：分组分角色模拟训练宾客的换房工作。

训练方法：学生分组完成任务，组内合作，教师点评。

训练要求：（1）操作程序完整。

　　　　　（2）小组团结合作。

　　　　　（3）礼貌接待客人。

课　后　练　习

1. 简述客人加床的情况有哪两种。
2. 简述饭店卖重房后该如何处理。

任务五　问　询　服　务

任务目标 ≫

➤ 掌握问询服务包含哪些内容；

➤ 了解问询服务工作规范。

任务准备 ≫

➤ 场地准备：教室；

➤ 仪容仪表准备：与课人员身着职业装，女生化淡妆、盘发。

任务描述 ≫

把全班分成四个小组，并选出领班、服务人员以及客人，每组模拟情景："有两位外国客人来到本地饭店，想了解本地旅游情况"，然后在领队的带领下，讨论出问询员该如何接待。

住店客人来自四面八方，必然有很多情况需要了解、需要咨询。饭店的每一位员工都应随时回答客人的咨询，协助解决客人的困难。饭店在前台设置问询处，就是方便客人，帮助客人，使饭店服务达到完美的境界。在完成此任务前需了解和掌握相关问询服务规范和流程。

⚡ 相 关 知 识

一、问询岗位服务项目

1. 咨询

客人咨询的内容包括有关饭店本身的一些信息，也有关于饭店所处城市的交通、旅游景点、天气、娱乐等方面的信息，涉及面会相当广泛，因此，咨询员必须具备较广的知识面，掌握大量的相关信息，并了解相关领域的最新动态，以便能给出令客人满意的答复。

2. 访客查询

查询的内容一般有：客人的房号、客人是否有其他来访者等。接待这一类的查询，咨询员首先应问清来访者的身份与姓名及其与住店客人的关系等，然后打电话给被查询客人的房间，客人表示同意后，才能让来访者进入楼层造访。如果客人正好不在房内，咨询员就应严格遵照保护客人隐私权的原则，不能随便将客人的房间号码告诉来访者，更不可以随便让来人进入房间找人。

3. 留言服务

包括访客留言服务和住客留言服务。为了确保信息的准确性，在接受留言时，要注意掌握事情的要点。尤其是在接受电话留言时，要做好记录，填写留言卡，并向对方复述一遍，得到对方的确认。

（1）访客留言。访客留言一般是一式三联，先是由服务人员将"访客留言单"填写完毕交给领班检查。之后，开启客房的留言灯，把访客留言单的第一联放进钥匙或邮件架，第二联、第三联则分别送交电话总机与行李员，其中，行李员还需要将"留言单"从房门底下塞入客房里。这样，客人就可以通过三种途径来熟悉访客留言的内容。咨询员为确保客人获知留言的内容，应将留言灯一直开启到客人拿到"留言单"为止。

（2）住客留言。客人为预防在离开期间有人造访，往往也需要留言，这时就需要填写另一种留言单，即住客留言单。住客留言单一般是一式两联，分别由咨询组与电话总机保存。如有客人来访，咨询员应将留言内容告知来访者。

4. 客人信件的处理

对客人的信件必须认真负责地进行处理，仔细查找后，完整无缺地交到客人手中，避免发生因信件传递有误而引起不必要的麻烦，或者是给客人带来不必要的损失。处理方法是：

（1）将信件与在店客人名单核对，找到收件人之后，在信封上写上收件人房间的号码。

（2）将信件放入相应的邮件格架内，并每晚定时检查，若发现客人未取走信件，应派人将信件送到客人的房间。

（3）把余下的信件与"预订登记本"、预期抵店客人的名单进行核对，找到收件人之后，将客人抵达的日期写在信封上。如果是当天就要抵达的客人的信件，应马上交给接待处，其他信件则暂时先存放在信件寄放架内，当班的咨询员应每晚检查新建存放架，把次日即将抵店的客人的信件交给接待处。

（4）其余的信件与"邮件转寄单"进行核对，按转寄单上客人所注明的要求进行办理。

（5）有一部分可能是已经离店的客人的，则应与住店客人名单、"客人资料档案卡"进行核对，找到收件人后尽快转寄。

（6）若是无人认领的信件，在到了饭店规定的保管期限之后，可经主管人员批准，将信件退还给寄件人。

二、问询服务礼仪

（1）尽量满足客人需求。问询处位于饭店的中心位置，是对客服务的重要部门，问询处必须是饭店主要的信息源。问询处必须为客人提供饭店设施及服务项目的准确信息；有关饭店所在地的各种资料和重要活动，也是客人询问的内容。毋庸置疑，问询处能提供的信息越多，就越能够满足客人的需求。

（2）注意形象，推销饭店。问询员必须对饭店的形象负责，必须努力推销饭店的设施和服务。为了提高工作效率，问询员应熟练掌握店内各种设施的位置、服务项目和营业时间。

（3）掌握住客资料。对于住店客人的资料，问询员可以通过住店客人名单和问询来加以掌握，住店客人的名单可以按姓名的字母顺序排列，以方便饭店查询。

（4）熟练使用问询设备。大饭店通常使用问询架及计算机，以提高问询处的工作效率，并随时准备提供客人的确切情况。

三、问询内容

1. 有关饭店内部的情况介绍

有关饭店内部的情况介绍通常涉及饭店各营业场所的服务信息，尤其是正在进行的营业推广、促销活动的信息，比如酒吧，餐厅所在位置，营业时间及促销内容，宴会、会议、展览会举办场所及服务时间，健身服务，洗衣服务，医疗服务，穿梭巴士服务等营业时间及收费标准等。上述信息内容问询员均应熟知，以便给予客人准确、肯定的答复。千万不可模棱两可或只用否定词回答，如"可能还在营业吧！""大概 2:30 关门吧！"对于不能即刻解答的问题，应通过请教他人或查阅资料给予客人答复。

2. 有关饭店外部情况介绍

有关饭店外部情况介绍通常涉及饭店所在城市的旅游景点及其交通情况，饭店所在地主要娱乐场所、商业中心、政府机关部门、大专院校以及企业所处位置及市内交通情况、国际国内航班情况，本地各宗教场所的名称、地址及开放时间等。为了准确回答客人问询，问询员应做到热情、耐心、快速，有问必答，百问不厌。因此，问询员必须有广博的知识，流利的外语，熟悉饭店所在城市的风光、交通情况，懂得交际礼节及各国、各民族风土人情及风俗习惯。为防止语言不通而给客人带来不便，问询处可为客人准备向导卡，以方便客人，不致迷路。

3. 有关住客查询

有关住客查询是来访人问询的主要内容之一，通常应在不触及客人隐私的范围内进行回答。问询员应首先从计算机中查看客人是否入住本饭店，然后确认其房号，接着向客房内打电话联系，将有人来访的信息告诉住客，经客人同意后才可将房号告诉来访者。如客人不在客房内，可视情况通过呼叫等方法在饭店公共区域帮助来访者寻找被访的客人。决不能未经住客许可便直接将来访者带入客房或直接将房号告诉来访者。饭店必须注意保护客人的隐私，确保住客不受无关人员或不愿接待的访客打扰。

案例分析 ≫

一天，有两位外宾来饭店总台，要求协助查找一位叫 Jack 的美国客人是否在此下榻，并想尽快见到他。总台接待员立即进行查询，果然有位叫 Jack 的先生。接待员于是接通客人的房间电话，但长时间没有应答。接待员便和蔼地告诉来访客人，确有这位先生住宿本店，但此刻不在房间，也没有他的留言，请来访者在大堂休息等候或另行约定。

这两位来访者对接待员的答复不太满意，并一再说明他们与 Jack 先生是相识多年的朋友，要求总台接待员告诉他的房间号码。总台接待员和颜悦色地向他们解释："为了住店客人安全。本店立有规定，在未征得住店客人同意时，不便将房号告诉他人。两位先生远道而来，正巧 Jack 先生不在房间，建议您可以在总台给 Jack 先生留个便条，或随时与饭店总台联系，我们乐意随时为您服务。"来访客人听了接待员这一席话，便写了一封信留下来。

晚上，Jack 先生回到饭店，总台接待员将来访者留下的信交给他，并说明原因，总台没有将房号告诉来访者，敬请先生原谅。Jack 先生当即表示予以理解，并表示这条规定有助于维护住店客人的利益，值得赞赏。

点评：

"为住店客人保密"是饭店的原则，关键在于要处理得当，这位接待员始终礼貌待客，耐心向来访者解释，并及时提出合理建议。由于解释中肯、态度和蔼，使来访者提不出异议，倒对这家饭店严格的管理留下深刻的印象。从这个意义上讲，维护了住店客人的切身利益，使客人放心，这正是饭店的一种无形的特殊服务。

四、问询服务的工作规范

1. 接受客人要求

（1）首先表示出自己乐意帮助的态度。

（2）对问题内容做记录，包括客人的名字和房号。

（3）重复客人的问题以证明自己明白客人的需求。

（4）即使客人提出的需求是由其他部门未完成的，也要帮助客人联系相关部门，不能推诿。

2. 解决问题

（1）告诉客人解决其需求方案和大约所需时间。

（2）如果可能要告诉客人事情进展的情况。

（3）如果有费用问题一定要事先告诉客人。

（4）如客人的需求不能解决，要想办法尽量给予满足。

3. 善后工作

（1）客人需求解决后，要询问客人是否满意。

（2）做好记录，以便查询。

五、问询岗位工作流程

（1）上班前 5 分钟到达岗位，并接受仪表、仪容的检查。

（2）与上一班当班人员进行工作交接，对相关问题要当面问清。

（3）在"交班本"上签字并阅读"交班本"。

（4）了解当天饭店内的最新动态与房态，熟悉当天抵店的 VIP 情况。

（5）检查传真等是否已交到相关客人的手中，检查有无留言、留言灯是否还亮。

（6）午间时取出当天的报刊及客人信件，检查完之后交给李主管处。同时检查电传、传真等。

（7）做好当班的传真营业报表，将客人的信件寄出。

（8）将未办理之事详细交代在册，认清楚交班给下班当值人员，如当班时有委托代办，须详细记录在专门的本册上，尽量在当班时完成，万一未能完成，则要详细交代给下一班。

（9）将所有留言处理完之后，关掉留言灯。

（10）清理杂物，搞好柜台卫生，清点办公用品，及时进行补充。

（11）进行交接班。

任务演练 ≫

1. 接待客人问询

根据以下步骤完成任务：

（1）礼貌接待客人。

（2）解答客人问询问题。

（3）询问客人是否满意，做好善后工作。

2. 能力评价

每个小组选出问询员和旅客，旅客提出不同的问询服务，问询员进行接待处理。实行成员互评，小组间互评和教师评价，给出提升建议并进行综合评价，填入表 3-8 中。

表 3-8　能力评价

内容			评价		
	学习目标	评价内容	组内成员	小组间	教师
知识	应知应会	问询工作的准备	□优□良□差	□优□良□差	□优□良□差
		客人熟悉程度	□优□良□差	□优□良□差	□优□良□差
专业能力	针对不同客人的解答	解答问询的熟悉程度	□优□良□差	□优□良□差	□优□良□差
态度	积极主动		□优□良□差	□优□良□差	□优□良□差
	团结合作		□优□良□差	□优□良□差	□优□良□差
提升建议：			综合评价： □优 □良 □差		

技能训练 ≫

技能训练：模拟接待客人问询本市旅游情况。

训练方法：学生分组完成任务，组内合作，教师点评。

训练要求：（1）旅游咨询符合本市特点。

（2）解决方案符合流程规定。

（3）团结合作。

课 后 练 习

1. 简述问询服务包含哪些内容。
2. 一位饭店住客打电话问询该市旅游情况，问询员应该如何进行接待？

任务六　留 言 服 务

任务目标 ≫

➢ 掌握两种不同形式留言的处理。

➤ 场地准备：教室；

➤ 仪容仪表准备：与课人员身着职业装；女生化淡妆、盘发。

任务描述

把全班分成四个小组，并选出领班、服务人员以及旅客，每组同学模拟情景："有两位外宾来饭店总台，要求协助查找一位叫帕特森的美国客人是否在此下榻，并想尽快见到他。总台接待员立即进行查询，果然有位叫帕特森的先生。"在领队的带领下，讨论出总台接待员该如何处理。

任务分析

饭店接待员是否要把客人的房间号码告诉访客是核心，要知道"为住店客人保密"是饭店的原则，关键在于要处理得当。从这个意义上讲，维护住店客人的切身利益，以安全为重，使客人放心，正是饭店的一种无形的特殊服务。学员们必须要掌握得当的处理规范和流程，才能完成好任务。

相关知识

一、受理访客留言

访客留言是指来访客人对住店客人的留言。问询员在接受该留言时，应请访客填写一式三联的"访客留言单"，将被访者客房的留言灯打开，将填好的访客留言单第一联放入钥匙或邮件架内，第二联送电话总机组，第三联交信使或行李员送往客房。为此，客人可通过三种途径获知访客留言内容。当了解到客人已得到留言内容后，话务员或问询员应及时关闭留言灯。晚班问询员应检查钥匙邮件架。如发现孔内仍有留言单，则应立即检查该房号的留言灯是否已经关闭。如留言灯已关闭，则可将该架内的留言单作废；如留言灯仍未关闭，则应电话与客人联系，将访客留言内容通知客人；如客人不在饭店，则应继续开启留言灯以及保留留言单，等候客人返回。图3-5所示为访客留言单。

访客留言单
电话　TELEPHONE
留言　MESSAGE

图3-5 访客留言单

续表

客人姓名　GUEST NAME

房号　ROOM NO.　　　　　　　　　　　职员　CLERK

图 3-5　访客留言单（续）

值得提醒的是，留言具有一定的时效性。为确保留言单传递速度，有些饭店规定问询员一小时用电话与客房联系一次，这样做的目的是让客人最迟也可在回饭店一小时内得知留言内容，确保万无一失。另外，为了对客人负责，若不能确认客人是否在本饭店——虽然住在本饭店，但已经结账离店，则问询员不能接受该客人的留言。

二、受理住客留言

住客留言是住店客人给来访客人的留言。客人离开客房或者饭店时，希望给来访者留言，问询员应请客人填写"住客留言单"（图 3-6），一式两份，问询处与电话总机各保留一联。若客人来访，问询员或话务员可将留言内容转告来访者。由于住客留言单已经注明了留言内容的有效时间，若错过了有效时间，尤其在受理电话留言时，应注意掌握留言要点，做好记录，并向对方复述一遍，以得到对方确认。

住客留言单　MESSAGE

日期：
DATE：＿＿＿＿

至
TO：＿＿＿＿　　　　　　　　　房号　ROOM NO.＿＿＿＿

由
FROM：＿＿＿＿

我将在　　　　　　　　　　□ INSIDE THE HOTEL

　　　　　　　　　　　　　　□ OUTSIDE THE HOTEL

电话　TEL NO.＿＿＿＿

图 3-6　住客留言单

```
我将于……回店
I WILL BE BACK AT(          )


留言
MESSAGE          _____

                 _____

                 _____


经手人                                         客人签名
CLERK_____                       GUEST SIGNATURE_____
```

图 3-6 住客留言单（续）

任务演练 ≫

1. 处理访客留言

请按照以下步骤，完成任务：
（1）礼貌接待客人。
（2）问询客人需要什么帮助。
（3）请客人留言。
（4）完成服务。

2. 能力评价

首先分成四组，每个小组内选出一位总台接待员，然后其他三组分别选出三位旅客，提出留言服务，总台接待员进行处理，然后交叉进行。分组进行调查研究，成员互评、小组间互评和教师评价，给出提升建议并进行综合评价，填入表 3-9 中。

表 3-9 能力评价

内容			评价		
	学习目标	评价内容	组内成员	小组间	教师
知识	应知应会	不同类型的留言的处理	□优□良□差	□优□良□差	□优□良□差
专业能力	针对不同客人的处理方式	处理的熟悉程度	□优□良□差	□优□良□差	□优□良□差
态度	积极主动		□优□良□差	□优□良□差	□优□良□差
	团结合作		□优□良□差	□优□良□差	□优□良□差

续表

内容		评价		
学习目标	评价内容	组内成员	小组间	教师
提升建议:		综合评价: □优 □良 □差		

技能训练 ≫

技能训练:设计一个你认为合理的不同留言登记表。

训练方法:学生分组完成任务,组内合作,教师点评。

训练要求:(1)讨论结果科学合理。

(2)留言登记表切实可行。

(3)小组团队合作。

课 后 练 习

1. 简述如何处理来访客人的留言。

2. 简述如何处理住店客人的留言。

任务七 建 立 账 户

任务目标 ≫

➢ 如何规范的建立客人账户。

任务准备 ≫

➢ 场地准备:教室;

➢ 仪容仪表准备:与课人员身着职业装,女生化淡妆、盘发。

任务描述 ≫

王先生入住到饭店后,除住宿外,还会到餐厅就餐,去酒吧休闲,并且需要使用会议室、在商务中心处理文件,酒店为了方便客人、促进消费,都已经向客人提供了统一结账服务。王先生经过必要的信用证明,查验证件后,可在饭店营业点(商场部除外)签单赊账。前台收款处不断累计他的消费额,直至他离店或其消费额达到饭店政策所规定的最高欠款额时，才要求其付款。作为一名酒店前台接待员应怎样为王先生建立账户呢？

任务分析 》

要做好这项工作，必须注意建立客人账户，对客人消费及时认真地登记和监督检查客人信用状况这三个环节的工作。

相关知识

一、客账建立规范

（1）客人在预订时预付押金或支票时即可建立账单，也可在客人入住登记时建立。

（2）客人到达宾馆首先在总服务台办理入住登记，填写一份"宾客入住登记表"。

（3）接待员根据入住登记表资料建立账单。

（4）建立账单时注意把有关事项如折扣率、VIP 卡号码、协议价、享受免费的日期、付款的方法等记录在备注栏内，使用信用卡的客人必须在账单签名和压印信用卡号。

（5）将预付凭证（押金收据、信用卡签购单、支票收据等）与客人账单、客人入住登记单主联装订一起。

（6）接待员将住客资料迅速准确输入计算机，同时在账单上注明开房日期、计算机账号、预付款方式、数量以及房号（有同行房的还要注明同行房号），若有要求不开 IDD 的，或餐厅有签单消费，或房内不配备酒水的，需在账单上及计算机备注栏中注明。

（7）将制作好的账单交由收银员核查，核查无误后放入住店客人资料柜内。

二、建立账户

通过建立清晰的账户，监督和管理客人在饭馆发生的各种交易，收取应收账款。饭店前厅客人账户主要分为两类，即住客分类账与应收款分类账。住客分类账是为住店散客与团队宾客开设的账户。应收款分类账是非住店户（也称外客账户）和饭店管理人员开设的账户。账户建立是记账、入账的第一步，记录客人在店内额消费账目。账户所包含的一般信息有宾客姓名，房间号，消费场所，账单号，消费摘要，签字等。在饭店与客人交易中，饭店会适时地向客人收账。饭店使用的账户通常有六种。

（1）散客账户。散客账户也称为个人账单、客房账单、宾客账单，它是每一位散客设立的账户，其作用是记录他们和饭店之间发生的会计事务。

（2）团体账户。团体账户又称团体账单，它是团体使用的账户，包含着不转至个人账单的一些交易记录，一般用于多数团队和会议记账服务。对于团体住户，一般应设两个账户：公共账户（也称主账户）和私账账户（也称杂费账户）。公共账户用与记录团队中的集体消费账目，由旅行社或接待单位付款。私账账户则用于记录团队中的个人消费，由客人个人支付。

（3）非住客账户。非住客账户又称半永久性账户，客人是指那些不是住客人但产生店内费用的个人设置的账户。这些客人一般包括健身成员、企事业客户或是当地政要等。非住客账户号在账户时确定，当收银员向非住客账户收费时，必须要求客人出示账户卡，以确认转账有效。

（4）编制账户。编制账户又称控账账单，用于饭店各营业部门跟踪其他账单（个人、团体、非住客或员工账单）的所有事务。例如，住店散客在餐厅吃饭，他的花费总额将转账至对应的个人账单，与此同时该总额又将作为餐厅延迟付款转账至对应的控账账单。

（5）永久性账户。永久性账户是与饭店有业务合同的信用卡公司账户，用来跟踪由信用卡公司结算的客人的账单余额。饭店将为每个和它有合同付款程序的实体建立一个永久账户。如果客人要求其账单余额通过一张可接受的信用卡支付，则将客人余额转至对应的永久账户。永久账户使得饭店在客人逗留时间之外仍能跟踪应收账款。只要饭店继续和该实体保持业务联系，对应的账户也将永久存在。

（6）特别账户。特别账户是为提供一些特别服务而设立的账户。

三、管理客账

1. 客账记录要求

由于客人在饭店逗留期较短，发生的费用项目多，又可能随时离店，故要求转账迅速。各业务部门必须按规定的时间将客人签字认可后的账单送到总台收银，以防跑账、漏账发生。

2. 客账记录程序

（1）现金结算。分以下几种情况：

① 外币现金。必须是在我国银行或指定机构可兑换的外币，然后根据当天银行汇率折算。

② 旅行支票。应检查旅行支票的真伪。

③ 支票。再次检查支票的真伪以及支票正面的内容及背面，注意辨别，防止错收银行已停止使用的旧版支票。

④ 人民币现金。如果客人用现金付款，收银员一定要学会分辨纸币的真伪。

（2）信用卡结算。现在，饭店的收银部门大多配备了信用卡授权终端机，只要将客人结账的信用卡在终端机进行刷卡，把入住时取得的授权号码输入，便可直接进行离线交易。采用这种结账方式时，收银员要注意核对持卡人签名。

如果客人改变原入住时决定的付款方式，要求使用信用卡支付，应按客人入住时的信用卡验卡程序做好相应工作，然后按信用卡结账的程序处理。

（3）挂账。分以下几种情况：

① 旅行社挂账。旅行社给予挂账的客人可分为团体客和散客，其中有的散客持有旅行社凭单。旅行社凭单由旅行社签发，宾客持此单到饭店办理入住手续，届时由接待员收回，将其作为转账凭证。

② 公司挂账。收银员根据宾客要求为宾客建立两张账单。住客必须在公司结算的主账单上签字，以示确认，然后收银员将主账单及公司预订单订在一起挂账。

如图 3-7 所示，以餐费为例说明记账程序。

```
┌─────────────────┐
│  客人在餐厅用餐  │
└────────┬────────┘
         │
┌────────▼────────┐
│  服务员开始点餐  │
└────────┬────────┘
         │
┌────────▼────────┐
│ 点餐单送至餐厅收银处 │
└────────┬────────┘
         │
┌─────────────────┐      ┌────────▼──────────────┐
│  餐厅账单送至    │◄─────│ 用餐完毕客人签单、账单送至 │
│  总台收银处      │      │     餐厅收银处         │
└────────┬────────┘      └───────────────────────┘
         │
┌──────┐ ┌────────▼────────┐      ┌─────────────────┐
│ 夜审 │◄│  将餐厅账单计入客账 │─────►│ 客人账户余额增加  │
└──────┘ └─────────────────┘      └─────────────────┘
```

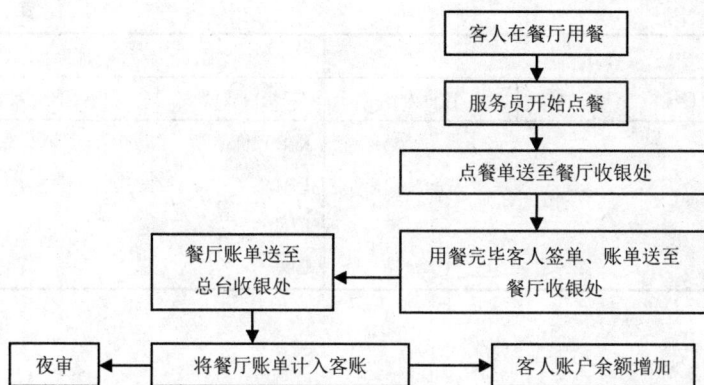

图 3-7 记账程序

任务演练 》

1. 完成任务

同学们根据以下步骤完成账户的建立：

（1）到达宾馆，首先在总服务台办理入住登记，填写一份"宾客入住登记表"。

（2）接待员根据入住登记表资料建立账单。

（3）建立账单时注意把有关事项如折扣率、VIP 卡号码、协议价、享受免费的日期、付款的方法等记录在备注栏内，使用信用卡的客人必须在账单上签名和压印信用卡号。

（4）将预付凭证（押金收据、信用卡签购单、支票收据等）与客人账单、宾客入住登记单主联装订在一起。

（5）接待员将客人资料迅速准确输入计算机。

（6）将制作好的账单交由收银员核查，核查无误后放入客人资料柜内。

2. 能力评价

请每个小组选三位同学模拟建立客人账户、对客人消费及时认真地登记和监督检查客人信用状况这三个环节。分组进行调查研究，成员互评、小组互评和教师评价，给出提升建议并进行综合评价，填入表 3-10 中。

表 3-10　能力评价

内容			评价		
	学习目标	评价内容	组内成员	小组间	教师
知识	应知应会	如何建立客人账户	□优□良□差	□优□良□差	□优□良□差
专业能力	针对不同客人的处理方式	处理的熟悉程度	□优□良□差	□优□良□差	□优□良□差
态度	积极主动		□优□良□差	□优□良□差	□优□良□差
	团结合作		□优□良□差	□优□良□差	□优□良□差

内容		评价		
学习目标	评价内容	组内成员	小组间	教师
提升建议：		综合评价： □优 □良 □差		

技能训练 ≫

技能训练：客人在饭店的餐厅用餐后，挂账在房费中，请讨论建账及结账流程。

训练方法：学生分组完成任务，组内合作，教师点评。

训练要求：（1）讨论结果科学合理。

（2）团结合作。

（3）符合饭店接待人员礼仪规范。

课 后 练 习

1. 简述建立客账的规范是什么。
2. 简述管理客账的方式。

任务八 ▎ 离 店 结 账

任务目标 ≫

➢ 掌握离店结账的基本程序；

➢ 掌握离店结账的付款方式；

➢ 掌握特殊情况的处理。

任务准备 ≫

➢ 场地准备：教室；

➢ 仪容仪表准备：与课人员身着职业装，女生化淡妆、盘发。

任务描述 ≫

把全班分成四个小组，并选出领班、服务人员以及客人，每组同学模拟情景："一位已全价（门市价）入住饭店的客人，在他住满四天办理退房结账手续时，却声称饭店房租太贵，客房内设施设备他均不喜欢，并要求房租按七折收费。"在领队的带领下，讨论此时总台接待员该如何处理。

任务分析 ≫

在完成任务过程中，首先饭店服务人员在仪容、仪表、仪态方面要符合职业要求；其次要掌握客人结账的工作流程以及针对特殊情况的处理原则。

相关知识

一、散客结账服务程序

（1）礼貌地询问客人房号，查看计算机，并打印出账单。

（2）通知楼层客人结账退房，请迅速检查并清扫客房。

（3）委婉地问明客人是否有刚发生的消费费用，以免漏账。

（4）向客人出示账单，请客人审核、确认，并在账单上签字，按已约定的付款方式向客人收取费用或转入财务部应收账款。

（5）收回客房钥匙。

（6）在客人结清账款后，在其账单上打印"Paid"，使账单的挂账数为零，然后将一联交给客人做收据，另一联转送会计组，将金额填入现金收入日报。

（7）在入住登记表的背面盖章结账日期，连同客房钥匙移交总台接待员，接待员在计算机上作相应处理，将该客房转为走客房。

（8）感谢客人，并祝其旅途愉快，欢迎再次光临。

案例分析 ≫

一天下午，一位客人来到总台收款处结账，当他看到账单上的总金额时，顿时火冒三丈，对收款员小马说："你们饭店真是乱收费，我怎么可能有这么高的消费？"小马面带微笑地回答说："对不起，先生，请让我再给您核对一下原始单据好吗？"

小马刚要开始核实账单，想了一下，很快对客人说："真是对不起，能否劳驾您，和我一起核对原始账单据？"客人点了点头表示同意。于是，小马便和客人一起逐一核对账单上的每一项收费。期间，小马还顺势对几笔数额较高的餐饮消费做了口头提示，以提醒客人回忆。

等账目全部核对完毕后小马很有礼貌地对客人说："谢谢您帮我核对账单，耽误您的时间了！"此时，客人终于明白自己没有理由发火，连声说："不好意思，真不好意思，小姐，麻烦你了。"

点评：

收款员小马自始至终保持了良好的态度，没有因客人自己的原因而不耐烦，并且采取了请客人一起核对账单的方法，让客人能清楚地回忆起自己的消费项目，避免客人产生怀疑，处理方法得当，客人满意，酒店也避免了损失。

二、团体客人结账程序

（1）准备复查。在团队结账前半小时做好相关的准备工作，复查一遍团队账目，确认是否均按相关要求入账、所有附件是否齐全等；领队或陪同人员前来结账时，应请其递交账单，检查并签名认可。

（2）告知查房。将结账团队的名称（团号）告知相关楼层服务员，通知其查房。

（3）打印账单。为有账目的团队客人打印账单，请客人付款。

（4）收回房卡和钥匙。

三、特殊情况处理

1. 未结账

对于普通客人一般予以婉拒；对于熟客、常客或协议客人，则可由上级领导签示后同意。

建议客人将行李放于行李寄存处，等回店后再取出。如客人不同意，则应累计客人消费账目，房费仍属于客人消费项目。

2. 客人在退房时带走房间内的物品

冷静处理、用语委婉，学会找台阶给客人下，既挽回损失，又不让客人丢面子。另外，在客房内设置温馨提示，告之客人一些不能带走的物品或需要收费的物品。

3. 结账时要求优惠处理

如果符合优惠条件，收银员要填写"退账通知书"（一式二联，分交财务和收银处），然后由前厅部经理签名认可，并注明原因，最后在计算机中做退账处理。

有时候也有客人要求取消优惠的特殊情况，这时要尊重客人的意见，尽量满足客人的要求。

一般情况下，遇有持饭店 VIP 卡的客人在结账时才出示 VIP 卡，并要求按 VIP 优惠折扣结账，此时应向客人解释饭店规定：VIP 卡在入住登记时出示才有效，否则不能按优惠折扣结账；如客人坚持要求按优惠折扣结算，可报大堂副理或部门经理，由其决定是否作退账处理。

小 资 料

快速结账服务

通常在上午期间，饭店结账的客人比较集中，为了避免客人排队等候，或缩短客人的结账时间，有的饭店推出了"快速结账服务"。

1. 客房内结账

客房内结账的前提是，前厅计算机系统与客房间的电视系统联网，客人通过电视机显示器查阅账单情况，并通知收款处结账。如果客人使用信用卡，收银员可以直接填写签购单，不需要客人到前台去。如客人使用现金，则在房间内核对金额后，结账时直接多退少补，简化了手续。在一般情况下，房间内结账只向信誉较好、采用信用卡的客人提供。

---

2. 填写"快速结账委托书"结账

对于有良好信誉的使用信用卡结账的客人，饭店为其提供此项快速结账服务。客人离店前一天填写好"快速结账委托书"，允许饭店在其离店后办理结账手续。收银员核对委托书的签名与客人签购单、登记表上的签名是否一致，在客人早晨离店时只向客人告知应付费用的大致金额即可，在客人离店后，及时替客人办理结账手续，事后按照客人填写的地址将账单收据等寄给客人。

任务演练 »

1. 完成任务

按照以下步骤完成任务：
（1）首先判断是否符合优惠条件；
（2）如果符合条件，收银员填写"退账通知书"（一式二联，分交财务和收银处），然后由前厅部经理签名认可，并注明原因，最后在计算机中做退账处理；
（3）如果不符合，就婉言拒绝，告诉客人无法打折，并请求谅解。

2. 能力评价

把全班分成四个小组，并选出领班、服务人员以及旅客，然后每个小组的旅客分别扮演不同类型的客人，然后每组的领队和服务员针对不同的客人来办理结账服务。分组进行调查研究，成员互评、小组间互评和教师评价，给出提升建议并进行综合评价，填入表3-11中。

表3-11 能力评价

内容			评价		
学习目标		评价内容	组内成员	小组间	教师
知识	应知应会	针对不同的客人如何结账	□优□良□差	□优□良□差	□优□良□差
专业能力	针对不同客人的处理方式	特殊情况的处理	□优□良□差	□优□良□差	□优□良□差
态度	积极主动		□优□良□差	□优□良□差	□优□良□差
	团结合作		□优□良□差	□优□良□差	□优□良□差
提升建议：			综合评价： □优 □良 □差		

技能训练 »

技能训练：学生分组模拟散客退房流程。

训练方法：学生分组完成任务，组内合作，教师点评。

训练要求：（1）退房流程科学完整。

（2）小组团队合作。

（3）服务礼仪周到。

课 后 练 习

---

1. 简述散客的结账程序。

2. 简述团队的结账程序。

3. 简述特殊情况的处理主要内容及处理方式。

任务九　外币兑换服务和保险箱服务

任务目标 ≫

➢ 掌握兑换外币处理方法；

➢ 掌握贵重物品保管程序；

➢ 掌握特殊情况的处理。

任务准备 ≫

➢ 场地准备：教室；

➢ 仪容仪表准备：与课人员身着职业装，女生化淡妆、盘发。

任务描述 ≫

把全班分成四个小组，并选出领班、服务人员以及旅客，模拟情景："麦克来到上海某家大型饭店入住，可是身上带的人民币已经消费完了，这个时候服务员帮助他换取人民币。"在领队带领下，讨论服务员如何处理。

任务分析 ≫

在完成此任务过程中，首先要求接待人员的仪容、仪表、仪态符合职业要求；其次，要掌握兑换外币的服务程序，按照外币现钞兑换的规范进行操作。

⚡ 相关知识

一、外币现钞兑换

（1）当客人前来办理外币兑换时，先询问其所持外币的种类，看是否属于饭店兑换的范围。

（2）礼貌地告诉客人当天的汇率及饭店一次兑换的限额。

（3）认真清点外币，并检验外币的真伪。

（4）请客人出示护照和房卡，确认其住客身份。

（5）填制水单，如图 3-8 所示，内容包括外币种类及数量、汇率、折算成人民币金额、客人姓名及房号。

（6）客人在水单上签名，并核对房卡、护照与水单上的签字是否相符。

（7）清点人民币现金，将护照、现金及水单的第一联交给客人，请客人清点。

×× HOTEL

Foreign Exchange Voucher

外币兑换单

Cuest name: 客人姓名			
ROOM NO. 房号	Date 日期		
CURRENCY TYPE 外币种类	AMOUNT 金额	ECHANGE RATE 汇率	RMB 人民币
Guest's Signature: 客人签名	Total: 合计		
Gashier's Signature: 收银员签名			

图 3-8　外币兑换水单

二、外汇旅行支票的兑换

旅行支票是银行或大旅行社专门发行给到国外旅游者的一种定额支票，旅游者购买这种支票后，可在发行银行的国外分支机构或代理机构凭票付款。旅游者在购买支票时，需要当面在出票机构签字，作为预留印鉴。旅游者在支取支票时，还必须在付款机构当面签字，以便与预留印鉴核对，避免冒领。

收兑旅行支票服务程序如下：

（1）问清客人的兑换要求。

（2）查验其支票是否属于可兑换或使用之列，有无区域、时间限制。

（3）与客人核对、清点数额。

（4）请客人出示有效身份证件，当面请客人复签，查看复签笔迹是否与初签一致。

（5）按当日外汇牌价填制水单，准确换算，扣除贴息。

（6）请客人在水单上签名确认并复核。

（7）核对无误后，将兑换款额支付给客人。

案例分析 ≫

春季的一天，在珠海某饭店西餐厅内，由于受台风的影响，西餐厅没有一个客人，冷清清的。突然，电话响了，服务员小俞接听了电话，她听了半天也没完全听明白对方在说什么。原来对方是外宾，讲的是英语，她只知道该电话是从饭店的客房里打过来的，要求送餐，但小俞听不懂客人需要点什么菜，只听得懂客人是在706房间。随后，小雨拿着中英文菜单到706房间，给客人点菜，客人点完菜后，小俞就下单了。厨房菜做好后，小俞要收银员小韩先把零钱找出，以方便客人找零。小俞再次到客人房间时，就把客人所点的菜肴和账单及3元找零给了客人，客人结账给的是英镑，可是小俞从来没有看到过这种钱，钱的表面写的全部是英语，她看不懂，只是看到"100"这个阿拉伯数字，于是就把刚才拿的3元给客人，客人摇头，说了一些她听不懂的话，她以为客人给她小费，连声说了几句不标准的英语"Thank You"后就出来了。当她拿着钱到西餐厅的收银处结账时，收银员小韩也不知是哪个国家的钱，就把钱拿到前台去问，才得知那是英镑。小俞把钱给收银台小韩后就下班了，而收银员小韩也一样，也不当回事，就入账到计算机系统里（后来得知，她入账的时候不是入的英镑，而是入的人民币），然后下班回家了。

到了第二天，客人跑到大堂副理那投诉西餐厅……经过调查后得知，收银员小韩自己拿出100元人民币入账，私自拿走客人的100英镑，这种行为严重违反了饭店的规章制度，损害了饭店的形象。经总经办决定：辞退收银员小韩，并把她当月的奖金和工资全部扣掉；扣除服务员小俞当月奖金200元。

思考：

请分析一下发生这起投诉事件的原因是什么？对饭店有什么启示？

分析：

很显然，事件的起因在于收银员小韩的工作过失，贪小利，加上服务员小俞对工作没有责任心，导致事态发展到客人到大堂副理处投诉的严重后果。饭店员工专业知识不够，作为一名西餐厅员工，竟然连英镑都不认识，如何为客人提供高质量的服务。随着我国的经济发展，许多外国人来中国投资，作为服务行业，肯定每天都要接触不少外国客人，其他货币可能在中国流通，作为一名西餐厅员工应该能识别主要客源国家的货币。

除此之外，服务员小俞对工作不负责，没有工作责任心，不把事情解决好就急着下班。在她给客人埋单时，如果懂得英镑可以兑换几倍的人民币，要求收银员找准余钱，就不会导致收银员私自兑换外币，也不至于遭到客人的投诉。另外，小俞的专业英语不过关，西餐厅是外国人在中国用餐的主要场所，接触的外国人也比较多，作为一名西餐厅的服务员起码要懂简单的英语，否则很难为客人提供优质服务。

此案例也给了饭店不少启示：一是要加强员工专业知识的培训，使员工对自己工作范围内的专业知识有所了解，基层管理人员具有较系统的旅游知识；二是要加强对基层管理人员和服务员的专业英语培训，饭店员工若不懂一些基础的英语，服务质量将大打折扣。

三、客用保险箱服务流程与规范

饭店为保障住店客人的财产安全，通常免费提供贵重物品保管服务。一种是设在客房内的小型保险箱，密码由客人自己设定，操作简单，简单实用；另一种则是设在总台的客用保险箱，由收银员负责此项服务。前台客用保险箱一般设置在总台收银处后面或旁边单独的一间房间，每个小保险箱都有两把钥匙，一把由收银员保管，一把由客人保管，两把钥匙需同时使用，才能开启保险箱。表 3-12 所示为保险箱服务流程与规范。

表 3-12 保险箱服务流程规范表

流程名称	客用保险箱服务流程与规范	文件受控状态	
		文件管理部门	
服务程序	服务规范		
建立保险箱 ↓ 存入物品 ↓ 存取物品 ↓ 取消保险箱	**1. 建立保险箱** （1）客人需要使用保险箱寄放贵重物品时，前台员工应请客人出示房卡以证明其为住店客人； （2）请客人填写保险箱登记卡，包括房间号码、姓名、签字、时间等，并提醒客人如果丢失钥匙则需持本人证件及支付 1000 元的保险柜钥匙赔偿金； （3）核对客人填写的登记卡是否正确、有无漏项。核对无误后，将保险箱钥匙递交给客人，将保险箱号码、开启日期、客人房号填写在登记卡上		
	2. 存入物品 （1）前台员工将保险箱取出，请客人亲自将物品放入保险箱并上锁，同时提醒客人必须妥善保管钥匙，谨防丢失；需要开箱时，应带好钥匙； （2）把客人寄放贵重物品的保险箱放回保险柜内，将登记卡按箱号顺序放入保险柜内的卡盒内，然后锁上保险柜并在计算机内做好记录		
	3. 存取物品 （1）客人使用保险箱期间，每次需要开箱时，前台员工应及时地将登记卡调出，请客人在登记卡背后"领取记录"栏内填明领取日期、时间并请客人签名； （2）核对客人签名无误后，才可将保险箱从保险柜内取出交给客人，让客人自己开箱取物，非住客本人前来开箱时应婉言拒办； （3）若客人丢失了保险箱钥匙，应立即报告大堂副理，由大堂副理按照保险箱钥匙遗失流程处理		
	4. 取消保险箱 （1）前台员工应请客人在使用保险箱处签字，核对无误后，请客人开箱取走物品； （2）客人取完物品后，收回保险箱钥匙，检查保险箱内物品是否已全部取走； （3）锁上保险箱，在客人的登记卡背后签字并注明日期、时间，将登记卡存档		
相关说明			
编制人员	审核人员	批准人员	
编制日期	审核日期	批准日期	

任务演练 ≫

1. 完成任务

把全班分成四个小组，并选出领班、服务人员以及旅客，按照以下步骤完成任务：
（1）询问外币的种类。

（2）告知汇率及饭店一次兑换的限额。

（3）认真清点外币，并检验外币的真伪。

（4）确认其身份。

（5）填制水单。

（6）签名并核。

（7）交给客人。

2. 能力评价

把全班分成四个小组，并选出领班、服务人员以及旅客，然后每个小组的旅客分别扮演不同的客人，然后每组的领队和服务员针对不同的客人来处理外币兑换服务。分组进行调查研究，成员互评、小组间互评和教师评价，给出提升建议并进行综合评价，填入表3-13中。

表 3-13　能力评价

内容			评价		
学习目标		评价内容	组内成员	小组间	教师
知识	应知应会	兑换外币	□优□良□差	□优□良□差	□优□良□差
专业能力	针对不同客人的处理方式	兑换外币	□优□良□差	□优□良□差	□优□良□差
态度	积极主动		□优□良□差	□优□良□差	□优□良□差
	团结合作		□优□良□差	□优□良□差	□优□良□差
提升建议：			综合评价： □优 □良 □差		

技能训练 ≫

技能训练：请学生分组完成模拟兑换外币业务。

训练方法：学生分组完成任务，组内合作，教师点评。

训练要求：（1）符合饭店礼仪服务规范。

　　　　　（2）按照兑换外币流程。

　　　　　（3）团结协作。

课 后 练 习

1. 简述外币兑换的程序。

2. 简述保险箱服务的流程与规范。

3. 简述旅游支票兑换的步骤。

项目总结

　　本项目介绍了总台的各项服务和管理内容，包括总台接待、客房的推销、房间的预订、处理入住期间常见问题、问询服务、留言服务、建立客账、兑换外币、保险箱服务、以及收银服务。

　　客人入住接待是前厅对客服务全过程中一个必要的、关键的阶段，同时住宿登记的过程也是客人同饭店之间建立正式的、合作关系的基本环节。处理入住期间常见问题处理更是体现饭店服务优劣的关键，接待人员要灵活礼貌处理，给客人留下美好印象。

　　大型饭店的问询服务一般由专门的问询处提供。问询员在掌握大量信息的基础上，应尽量满足客人的各种需求。

　　前台收银处的主要工作就是处理住客账务，确保饭店经济效益的正常回收，并做好对客服务工作。在饭店经营中，前台收银是确保饭店经济收益的关键部门。

项目四

礼宾服务

前厅礼宾部所提供的服务项目和管辖范围因饭店的规模、种类不同而存在差异。但在客人心目中，前厅礼宾部是能提供"一条龙服务"的岗位，英文名称为"Bell service"、"concierge"。它对外提供的服务项目包括很多，包括门童（Doorman）的迎送服务、饭店代表服务、行李服务、委托代办服务、"金钥匙"服务和邮件服务。

学习目标

➢ 掌握门童的迎送服务；
➢ 了解饭店代表服务；
➢ 掌握行李服务；
➢ 学会为客人提供相关的委托代办服务；
➢ 掌握"金钥匙"服务；
➢ 了解邮件服务。

任务一 | 门童的迎送服务

饭店门童是代表饭店在大门口迎接客人的专门人员，是饭店形象的具体表现，主要承担客人迎送、调车、协助行李员搬运行李等工作。门童是客人下榻饭店第一个遇见的饭店工作人员，因此其服务的好坏直接影响到饭店的形象。饭店一般安排身材高大、英俊、目光敏锐、经验丰富的青年男性担任，但有时也由气质、风度好的女性担任。

任务目标 ≫

➢ 了解什么是门童和其职责；
➢ 掌握迎送客人服务的程序。

任务准备 ≫

➢ 场地准备：模拟前厅；
➢ 用品准备：模拟行李、信笺、笔等；
➢ 仪容仪表准备：男生穿戴正式、整齐，尽量模拟门童的穿戴。

任务描述 ≫

模拟场景九月的大连，秋高气爽，气候宜人，一年一度的商贸会如期举行，李先生作为×公司的行政总裁也被邀请参加此次会议。8日李先生随着饭店的专车来到了饭店门口，门童负责接待。请扮演这位门童，为李先生提供专业优质的迎送服务。

任务分析 ≫

作为代表饭店在大门口迎接客人的专门人员——门童，要做好迎送服务，首先要熟练掌握迎送的程序，更要注意服务的细节，同时还要热情主动，充分维护好饭店的形象。

相关知识

一、门童的概念及其职责

1. 门童的概念

门童（图4-1），亦称迎宾员或门厅迎接员，是代表饭店在大门口迎接客人的专门人员，是饭店形象的具体表现，一般由身材高大、英俊、目光敏锐、经验丰富的青年男性担任，但有时也由气质、风度好的女性担任。门童通常要穿着高级华丽、有醒目标志的制服，制服一般由军事服式样演变而成。上岗时要精神饱满、热情有礼、动作迅速，时刻准备为客人提供优质的服务。

图4-1 门童

2. 门童的职责

门童工作时通常站于大门一侧或台阶下、车道边，站立时应挺胸、手自然下垂或下握，两脚与肩同宽，主要承担迎送客人、调车、协助保安员、行李员等工作。

（1）服从礼宾主管的工作安排。

（2）按照服务流程迎送客人，提供拉门和拉车门服务，并对抵店客人表示欢迎，向离店客人道别。

（3）维护出入车辆秩序，保证上下客车位和车道畅通。

（4）主动热情为离店客人招引出租车，督促预订车辆准时出发。

（5）阻挡精神病患者和衣冠不整者及宠物进入饭店，发现异常情况，立即与值班的保安人员或大堂副理联系，妥善处理。

（6）准确回答客人的询问，主动做好服务工作。

（7）保持岗位周围的环境整洁，发现果皮、纸屑、烟蒂等杂物及时捡掉；下雨天，为客人提供雨具存放保管服务。

二、迎送服务

1. 迎客服务

（1）将客人所乘车辆引领到适当的地方停下，以免店门前交通阻塞，如图 4-2 所示。

图 4-2　引领车辆

（2）趋前开启车门，用左手拉开车门 70°左右，右手挡在车门上沿，为客人护顶，防止客人碰伤头部，协助客人下车。原则上应优先为女宾、外宾、老年人开车门，如图 4-3 所示。

（3）协助行李员卸行李，注意检查有无遗漏物品，如图 4-4 所示。

（4）若客人行李较少，则在进入大厅前将行李交给行李员，由行李员引领客人到总台，如图 4-5 所示。

（5）客人如乘坐出租车，应迅速记下车牌号，站回原位，继续迎候新客人，如图 4-6 所示。

图 4-3　开车门服务

图 4-4　协助卸行李服务

图 4-5　协助引领客人到总台

图 4-6　迎领新客人

2. 送行服务

（1）将调来的汽车引导到便于客人上车及上行李的地方（若遇到下雨天，要控制上车的位置不能有积水），如图 4-7 所示。

图 4-7　引导汽车接客

（2）如客人的行李若是跟车走，则要当着客人的面清点行李件数后再请客人上车。行李多时，门卫要协助将行李搬上车。

（3）等客人坐稳，确认客人的衣角（裙角）没有露在车外后，向客人致祝愿语，欢迎客人再次光临，轻轻将车门关实。

（4）车门关好后，要马上走到车的斜前方 2 米左右处，引导司机将车慢慢开出。车启动后，面带微笑，挥手致意，直到车子离开，如图 4-8 所示。

图 4-8　引导车辆离开

三、团队客人的迎送服务

随着我国旅游业的发展，团队客人成为了很多大型饭店的主要客源。门童应根据客房预订出发出的接待通知，做好充分准备。

（1）了解团队类型，看是否有特殊要求，以便熟悉团队客情。

（2）团队到来时，正确引导客车，特别是在旅游旺季，要保持门前交通顺畅。

（3）帮助行李员卸行李的同时引导客人进入大厅。

（4）做好团队的问询工作。

（5）做好门前安全保卫。

四、贵宾 VIP 客人的迎送服务

贵宾，VIP（Very Important Person）是指对饭店的效益和形象能产生重要影响的宾客，对这类客人的接待，要体现出饭店服务的规格和水平。为了能更好地为贵宾服务，门童应根据客房预订部门发出的接待通知，做好充分准备。

（1）对于特殊客人（SP）中行动不便的客人，在协助其下车时，要提醒注意台阶。对于有特殊信仰的客人，例如信仰佛教的客人，在为其开车门时，不要为其护顶，因为他们认为把手挡在头顶上，就是挡住了神的眷顾。

（2）协助前厅部工作人员在饭店门口的布置工作。

（3）根据需要，负责升降国旗、彩旗等。

（4）根据客房预订部门发出的接待通知，能准确使用 VIP 客人的姓名。

五、贵宾等级

贵宾的等级划分如下：

（1）非常、非常重要的客人（VVIP）：国内外政党和国家及军队等元首级的重要官员。

（2）非常重要的客人（VIP）：政府官员、知名人士；世界和国内名牌企业集团或本饭店的上级主管部门的主要领导人。

（3）重要客人（IP）：与饭店关系密切的人，旅行社、协会等团体组织中的决策人，或是公司中部门经理以上的人员。

（4）特殊客人（SP）：经常入住饭店，或曾经有过投诉，或需要特殊关照的客人。

（5）关键客人（KP）：团队陪同、翻译、订房人等，能在饭店和客人之间起到很好的桥梁作用的人。

任务演练 ≫

1. 迎送服务

将全班分成几个小组，小组内部进行角色扮演，根据不同的角色扮演的情况，总结门童迎送服务的步骤。

2. 能力评价

依据小组演练的情况，实行小组内成员互评、小组间互评和教师评价，给出提升建议并进行综合评价，填入表 4-1 中。

表 4-1 能力评价

内容			评价		
学习目标		评价内容	组内成员	小组间	教师
知识	应知应会	门童的职责	□优□良□差	□优□良□差	□优□良□差
		迎送服务程序	□优□良□差	□优□良□差	□优□良□差
专业能力	能独立迎送各类客人并解决常见问题	迎送服务方法	□优□良□差	□优□良□差	□优□良□差
		迎送服务标准	□优□良□差	□优□良□差	□优□良□差
		沟通方法技巧	□优□良□差	□优□良□差	□优□良□差
		服务时间	□优□良□差	□优□良□差	□优□良□差
态度	积极主动、热情礼貌		□优□良□差	□优□良□差	□优□良□差
	有问必答、有求必应		□优□良□差	□优□良□差	□优□良□差
提升建议：			综合评价： □优 □良 □差		

≫

技能训练：门童的迎送服务。

训练方法：情景模拟，角色扮演。一学生扮演门童，另一学生扮演客人，模拟门童的迎送服务。

训练要求：（1）按照门童迎送步骤灵活进行。
　　　　　（2）真心诚意，热情主动。

课 后 练 习

一、简答题

1. 门童的概念是什么？
2. 门童的职责有哪些？
3. 门童对散客的接送服务的程序有哪些？

二、案例分析

她为何不悦

在一个秋高气爽的日子里，迎接员小贺穿着剪裁得体的新制服，迈着轻快的步伐，第一次独立地走上了门童的岗位。很快，一辆白色的高级小轿车向饭店驶来，司机熟练而准确地将车停靠在饭店豪华大转门前的雨棚下。小贺看清车后端坐着两位身材魁梧、体格健壮的男士，前排副驾位上坐着一位身材较高且眉清目秀的女士，小贺一步上前，以优雅的姿态和职业性的动作，为客人打开后门，做好护顶姿态，并目注客人，致以简短欢迎词以示问候，动作麻利规范，一气呵成，无可挑剔。关好门后，小贺迅速走到前门，准备以同样的礼仪迎接那位女士下车，但那位女士满脸不快，使小贺茫然不知所措。

请思考：

1. 女宾为何不悦？小贺错在哪里？
2. 如何正确地提供拉车门服务？

任务二 ┃ 饭店代表服务

≫

➢ 了解什么是饭店代表服务；

> ➤ 掌握饭店代表不同业务操作的规程;
> ➤ 理解"宾客至上"的服务原则。

任务准备 ≫

> ➤ 场地准备:模拟前厅、机场、火车站;
> ➤ 用品准备:模拟行李、信笺、笔等;
> ➤ 仪容仪表准备:男女生穿戴正式、整齐,尽量模拟饭店代表的穿戴。

任务描述 ≫

模拟场景"由北京飞往宁波的 CA1839 航班准时抵达机场,饭店机场代表小张早已在出口处举着接机牌等候李先生一行人的光临。"请扮演机场代表小张,为李先生一行人提供专业优质的接机服务。

任务分析 ≫

饭店代表接机/站服务是饭店整体对客服务的延伸和扩展。要完成好接机服务饭店代表必须提前到达机场或是火车站,拿着写有客人名字和相关信息的接机/站牌,站在醒目的位置迎接客人。接到客人后,要帮助客人解决一些实际问题,如图 4-9 所示。

图 4-9 饭店代表接站服务

⚡相关知识

一、是饭店代表的概念及素质要求

1. 饭店代表的概念

饭店代表是饭店对客专业化服务的代表,是饭店派去机场、火车站接送客人的服务人员。饭店代表是饭店专门指定接送客人的代表,因此需有较高的外语水平和灵活多变的交际能力，形象良好，有团队意识，头脑灵活，善于处理突发事件，并同时熟悉饭店的客情。

2. 饭店代表的素质要求

（1）具有较高的外语交流水平。

（2）熟悉饭店客情。

（3）掌握主要客源国旅游者的生活习俗和礼仪。

（4）具有较强的应变能力。

（5）具有较强的人际交往能力。

二、饭店代表操作规程

（一）饭店代表各项业务操作规程

1. 接直通车的工作程序

（1）饭店代表必须在直通车到达时刻前 15 分钟内到站台内本饭店柜台处，打扫好柜台卫生及再次核对本次列车的客人订车，将订车客人的姓名写在饭店接客告示牌上，放在柜台显眼处。

（2）在站台内等候列车报站，报站后及时用手机通知行李组，准备好接待工作，在列车报站后不要随意走动，守候在饭店接待柜台处。

（3）如列车在预订时间内仍未到站，且没有具体到站时间，则应一直在站台内等候，不能随便走动，并通过手机把情况通知行李组、接待组。待得到到达时间后立即再行通知。

（4）在直通车到达前，了解接客车辆停泊情况，如遇车未到达，则要立即同汽车调度联系。

（5）主动向走向本饭店柜台的客人打招呼，问明客人是否订车，如果客人已经订车，则要及时带领客人前去停车场乘车，对于已经订房但没有订车的客人，应该问清客人的姓名，尽快做好登记手续，并领客人去坐饭店的免费巴士。随时留心本车次的客人数量，在客人较多的情况下，及时与汽车调度联系，随时准备支援车辆。

（6）热情接待每一位客人，即使客人没有订房。对于此类客人，应该更加主动地介绍和推销本饭店设施设备，必要时视开房率与接待组联系，给予折扣以吸引客人。

2. 火车站接客的工作程序

（1）饭店代表必须携带对讲机，并随时了解有关车次准确到达时间。

（2）在车到达的 15 分钟之前，到车站出口处等候。

（3）了解在同一时间是否有几班车同时到达，了解车站有关对应班车的放行路线。

（4）需将有关客人的姓名等用正楷中英文写在接待柜台迎客板上。

（5）随时向正在出关的旅客了解其乘坐车次，接到客人后立即带领客人到指定的停车场上车，并做好有关接客情况的记录。

（6）如在旅客全部出闸后，未能接到客人时，必须在原地等候，继续向有关方面查询。

（7）在原地等候超过 30 分钟，如经多方寻找还是接不到客人，即按有关漏接客人的工作程序跟查。

3. 机场接客的工作程序

通常情况下，饭店代表从 9:00 到 23:00 在机场当值，为客人提供必要的服务。接国际航班的工作程序如下：

（1）在国际航班到达前 15 分钟，必须要准时到达国际候机。

（2）随时向机场问询处咨询，掌握所接国际航班到达时间的最新情况。

（3）车辆到达国际机场的泊车场后，饭店代表需通知司机随时做好准备工作，待客人到达后，车辆准时停泊在候机楼门口处接客。

（4）饭店代表需将有关客人的姓名等，用正楷中英文写在接待柜台迎客板上，使客人一目了然。

（5）航班到达之后，饭店代表必须注意每一位出关的客人，必要时要向有关的客人大声报饭店名称。

（6）接到客人后，帮助提行李，并带客人到候机楼门外。

（7）在接客人记录簿上做好记录。

（8）如航班到达后，订车的客人一直未出现，应与海关联系，查询是否还有客人未出关，如有，应在候机楼继续等候。

（9）如超过 30 分钟后，仍未能接到订车的客人，即按照有关漏接客人的工作程序跟查。

（10）每隔两小时与订房部联络，查询是否有新增接客任务。

（二）饭店代表工作内容

1. 早班

早班上班时间为 7:00 至 15:30。

如早上有接待早到客人的任务，应相应提早上班时间、以能接到客人为原则。

早班的工作流程如下：

（1）7:00 到岗签到，并检查订车簿是否有增加订车，委办有否任务，以及交通工具的充电情况。

（2）向机场询问当天有订车客人所乘航班的预计起飞及到达时间，如遇与订单中不相符之事宜，立刻向预订组反映，及时处理。

（3）与票台联系，要求打印出当天各个有订车的国内航班的预计起飞及到达时间表二份，附在机场、车站来客名单后面。

（4）到汽车调度台再次确认所订车的出车及到达的时间，以及停泊位置，并记录汽车部接到的当天的接车任务。

（5）向接待组查询当天预计开房率和 VIP 情况并记录在交班簿上，以备各班同事在外工作时推销房间之需。如遇交易会或其他开房率高的时段，需与接待组确认才能推销房间，并在交班簿注明。

（6）在本组工作中，取出接待通宵班打印的"当天列达客人表"两份及"有到达航班的客人的报表"两份。在两份报表上用笔在有订车的客人姓名上做出明显的提示(到达航班、时间、订车类型，订车数量、同行人数及特别要求，将各份"当天到达客人表""有到达航班的客人的报表"及"航班查向表"装订为一册。

（7）检查夜班写的接客单拼写是否准确，是否齐全，在检查中还应将有关客人的特别要求（在预订车备注栏中）写在接车单背背面。

（8）把车站与机场的接车表以及接客单分别叠成两份，放于交班簿。

（9）负责跟查昨天未接到客人的订车单的工作。

（10）与早班接送车司机联系确认是否随车赴岗及出车时间。

（11）负责跟办早上交班会上布置的任务。

（12）准时带手机出车，执行有关接车任务，在航班车次到达 15 分钟前到达出口处等候客人。

（13）下班前填写有关接机情况之交班表各栏，如有接不到的客人，则对客人入住的情况要跟查清楚。如客人末到，则把情况在交班簿中写清楚，以备各班跟查。

（14）签退下班。

2. 中班

中班上班时间为 15:30～23:30。

如遇 23:30 之后的国内机订车任务、国际机订车任务，则工作延至完成为止（如遇第二天凌晨的接车、船任务，也应完成）。

中班的工作流程如下：

（1）上班后签到，并马上检查当天预订车登记簿的接车任务，阅读交班部有关内容，向委办组查询有否工作任务。

（2）在交班簿中填写第二天预订车任务（到达航班号、到达时间、订车人数、订车类型、收费方式等内容）。

（3）查对、书写第二天订车任务的客人的接车单，并在背景面注明有关资料（订车客人的到达航班号、到达时间、人数、订车类型、收费方式等），如是商务楼层的客人的免费车，应注明特别事项。

（4）如早班有漏接客人的现象，中班应负责跟查。

（5）与夜班接送车司机联系出车时间。

（6）带车到机场，与早班职员交班。检查任务和物品等。

（7）完成当晚国内航班订车及国际航班的接车任务和临时增加的接火车任务。

（8）每 2 小时联系订房部一次，20:00～22:00 离开机场前再联系一次。

（9）带一手机回饭店并关闭电源，放于指定位置。

（10）与汽车调度确认第二天订车是否需带车及带车时间，如不需带车，确认订车停泊位置及到位时间。

（11）跟查当天漏接客人，如客人未到的写在交班簿中，交明天 A 班跟查。

任务演练 >>

1. 完成任务

如遇到漏接情况，饭店代表该如何接待，小组讨论并确定最合理的办法。

2. 能力评价

依据小组演练的情况，实行小组内成员互评、小组间互评和教师评价，给出提升建议并进行综合评价，填入表 4-2 中。

表 4-2　能力评价

内容			评价		
学习目标		评价内容	组内成员	小组间	教师
知识	应知应会	工作内容	□优□良□差	□优□良□差	□优□良□差
		素质要求	□优□良□差	□优□良□差	□优□良□差
专业能力	能独立完成迎送工作并解决常见问题	接送客人的工作程序	□优□良□差	□优□良□差	□优□良□差
		接送服务标准	□优□良□差	□优□良□差	□优□良□差
		沟通方法技巧	□优□良□差	□优□良□差	□优□良□差
		服务时间	□优□良□差	□优□良□差	□优□良□差
态度	积极主动、热情礼貌		□优□良□差	□优□良□差	□优□良□差
	有问必答、有求必应		□优□良□差	□优□良□差	□优□良□差
提升建议：			综合评价： □优 □良 □差		

技能训练 >>

技能训练：饭店接机代表接机。

训练方法：情景模拟，角色扮演。一名学生扮演饭店接机代表，另几名学生扮演客人，模拟饭店接机代表接机的场景。

训练要求：（1）按照饭店代表接机程序灵活进行。

（2）服务语言准确、精练，有礼貌。

课 后 练 习

一、简答题

1. 简述饭店代表接直通车的工作程序。

2. 简述饭店代表接飞机的工作程序。

3. 简述饭店代表接火车的工作程序。

二、思考题

饭店代表接机/站的程序很多，如何在实际操作中记住这些程序，做到万无一失？

任务三 ▋ 行 李 服 务

抵店行李服务是对客服务的重要环节之一，是展现饭店员工良好服务素质和技能的关键环节。入住期间行李问题处理是前厅服务人员的工作核心，应注意把握维护客我双方利益的原则。离店行李服务中，要对客人提供周到、细致的服务。

任务目标 ≫

➤ 掌握抵店行李服务的程序和标准；
➤ 掌握住店行李服务的有关规定；
➤ 掌握离店行李服务的程序。

任务准备 ≫

➤ 场地准备：模拟前厅；
➤ 用品准备：模拟行李、信笺、笔等；
➤ 仪容仪表准备：男生穿戴正式、整齐，尽量模拟门童的穿戴。

任务描述 ≫

某公司的行政总裁李女士要入住羊帝香君大饭店，请扮演行李员，为李女士提供专业优质的抵店和离店时的行李服务，如图4-10所示。

图4-10 抵离店行李服务

要做好行李服务，首先要清楚客人抵店和离店时行李服务的工作程序，这样才能针对不同情况做出细致的、个性化的服务。

相关知识

一、团队的行李服务程序与标准

（一）团队抵店行李服务

1. 准备迎接

根据团队抵店时间安排好行李员，提前填好进店行李牌，注明团队名称和进店时间，如图 4-11 所示。

图 4-11 行李牌

2. 分拣行李

（1）行李员与团队负责人一道清点行李件数、检查破损情况等，然后填写"团队行李进出店登记表"（表 4-3），请团队负责人签名。

表 4-3　团队行李进出店登记表

团队名称 _____　　人数 _____

抵店日期 _____　　行李进店时间 _____　　车号 _____

行李出店时间 _____　　饭店行李员 _____　　领队 _____

序号	房号	件数	确认	备注
1				
2				
3				
4				
5				
6				
合计				

备注：

（2）将行李拴上填好房号的行李牌，如图所示，一边准确地分送到客人房间，如暂不分送，应码放整齐，加盖网罩，如图 4-12 所示。

3. 分送行李

（1）将行李装上推车，注意大件行李、重的行李在下，小件行李、轻的行李在上，然后根据分房名单把行李一一送入客房，如图 4-13 所示。

图 4-12　整理好到店行李　　　　　　图 4-13　行李装车

（2）进房后将行李放在行李架上，请客人清点检查行李，无异议后向客人道别（如果客人不在房间，应先将行李放于行李架上，个别无房号的行李暂存楼层，与团队负责人协商解决）。

4. 行李登记

分送完行李后，应在"团队行李进出店登记表"（表4-3）记录上签名，按登记表上的时间存档。若有客人的行李短缺、破损，则婉转地请客人稍后，并立即通知领班查询解决。

为了做好行李服务工作，要求行李组领班及行李员必须熟悉饭店内各条路径及有关部门的位置；能吃苦耐劳，做到眼勤、嘴勤、手勤、腿勤；善于与人交往，和蔼可亲；掌握饭店内餐饮、客房、娱乐等服务内容、服务时间、服务场所及其他相关信息；掌握饭店所在地的名胜古迹、旅游景点及购物场所的信息。

（二）团队离店行李服务

1. 准备送行

根据团队离店时间安排好行李员，如图4-14所示。

图4-14　安排处理团队离店行李服务

2. 分拣行李

（1）行李员要在指定时间从客人房间外收取行李（当团队登记时，礼宾部已与团队领队确认了下行李时间）并将写有房号的行李签绑在相应的行李上，将行李运到大堂。

（2）团队行李将直接被移至旅行社的行李车或整齐地放在一楼合适的位置等候离店。在行李移至行李车前，为安全起见，行李外要罩有行李网。

（3）大堂内至少有一个行李员负责照看行李。

（4）将行李装车并由礼宾部主管、团队领队及司机共同确认行李件数和状况。

3. 行李登记

搬运完行李后，行李员应在"团队行李进出店登记表"（表 4-3）记录上签名，按登记表上的时间存档。

二、散客的行李服务程序与标准

（一）散客到店时的行李服务

（1）客人携行李到店时，行李员应立即上前问候表示欢迎，并主动帮助提拿行李，提拿时要认真、小心。

（2）如果客人是乘车到达，行李员应帮助客人卸下行李，并请客人清点并检查行李是否有破损。如果是从门童手中接过行李，也应与客人一起清点。

（3）接过客人行李后，问清客人是否要住店，得到肯定答复后，行李员应走在客人左前方二至三步远的距离，引领客人到接待处登记。

（4）搭乘电梯时，行李员按下电梯按钮，电梯到后，行李员用一只手挡住电梯门，请客人先入电梯。

（5）到达客房门口，应先敲门，若房内无反应，再从客人手中接过钥匙开门。

（6）进客房后，行李员应把行李轻轻放在行李架上或客人吩咐的地方。如果是白天，则拉开窗帘。视情况向客人介绍客房设施，一般做法是：进房前简短地向客人介绍紧急出口及客人房间在饭店的位置；向客人介绍钥匙的使用方法及电源开关；有选择地向客人介绍电视的收看、电话的使用、小酒吧的收费及主要电话号码等。

（7）征求客人是否还有其他需要，然后向客人道别，迅速离开房间，轻轻将房门门关上。

（8）返回大厅，填写"散客入住行李搬运记录"（表 4-4）。

为了能做好行李服务工作，要求行李组领班及行李员必须掌握饭店服务的基础知识，了解店内、店外服务信息；具备良好的职业道德，为人诚实、责任心强，性格活泼开朗，思维敏捷；熟知礼宾部、行李员的工作程序及操作规则、标准。

表 4-4　散客入住行李搬运记录

日期：

Date：

房号 Room. No	上楼时间 Up Time	行李件数 Pieces	行李员 Bell Boy	预计离店时间 Departure Time	备注 Remarks

（二）散客离店时的行李服务

（1）站立于大门附近，注意大厅内客人的动态。客人携带行李离店时，主动上前问好，帮助客人提拿行李。

（2）如果客人打电话要求行李员去客房提行李，行李员应在领班的统一安排下去客人房间；如果客人不在房内，应请楼层服务员开门取行李，并与服务员共同清点行李件数。清点后，将行李系上填好的行李卡（注明"OUT"字样、房号、件数）。

（3）来到大厅后，应先到总台收银处确认客人是否已结账。若客人仍未结账，则礼貌地告诉客人收银处的位置。

（4）送客人离开饭店时，应装车后再次请客人清点行李件数，之后，向客人道谢道别，祝客人旅途愉快，若行李放在后箱而箱盖不能盖上，要当面告知客人。

（5）返回大厅，填写"散客离店行李搬运记录"（表4-5）。

表4-5　散客离店行李搬运记录

日期：
Date：

房号 Room. No	离店时间 Departure Time	行李件数 Pieces	行李员 Bell boy	车号 No.	备注 Remarks

三、行李常见问题处理

1. 发现无人认领的行李

无人认领的行李一般有三种情况：

（1）发放团队行李时，无人领取。行李员首先应迅速将情况向领班汇报，由领班及时与该团队的陪同人员或领队沟通，行李员此时要协助陪同人员或领队一起寻找行李的主人。

（2）行李房行李寄存时间早已过期，但无人领取。行李员应及时汇报领班，由领班查找后联系客人，通知客人及时取行李。若客人表示没有时间或不方便领取时，行李员应征求客人意见后做出相应的处理，必要时行李员应提供帮助。

（3）在大堂发现无人认领的行李。行李员应首先向前台其他人员了解情况，然后将行李放在行李房，根据行李上的线索查找失主，及时汇报上级管理人员并做好登记，以便之后及时告诉来寻者。

2. 送客人进房时，房间尚未整理或有行李

（1）马上关上房门，向客人致歉，请客人稍候，立即到总台为客人调换房间。

（2）带客人到新换的房间，并再次向客人致歉。

3. 行李已到，但客人未到

（1）如果事先已排好客房，可根据排房表姓名与房号填写行李标签，根据行李标签上已写明的房号将行李先送进房间。

（2）如未排房，先将行李寄放行李房，待团队到时，由陪同核对到店行李件数，待排好房后再送进客房。

4. 当行李送入房间时，客人说还有欠差

（1）向客人致歉，迅速查找失误环节，主动与陪同联系，协助查找并安慰客人。

（2）如到店行李件数与送入客房件数一致，则在本团队客房中查找；如送入客房行李件数少于到店件数，则有可能行李遗留在仓库或错送至其他团队客房。

（3）如确实找不到行李，应分清责任，如饭店负有责任，饭店应酌情赔偿。

5. 团队客人收到行李后发现行李中的易碎品破损

客人的行李必须轻拿轻放，运送中要防止磕碰、叠压；凡无事先说明，行李到店后，行李中若有物品破损，饭店概不负责。

（1）应立即通知该团领队或陪同，向其说明行李运送的详细情况，问清行李从上一站至饭店的托运情况。

（2）向客人说明行李可能在托运的过程中受到重压或撞击，导致易碎品破损。

6. 收取团队行李时，客人未将行李放于指定位置

（1）首先核对客人的行李牌号以及客人的姓名、房号，确认后查找客人是否在房内。

（2）如果客人在房内，行李员应礼貌地告诉客人已经到出行李的时间了，必要时帮助客人运送行李。

（3）如果确认客人不在房内，行李员应立即报告领班，由领班与团队陪同取得联系；协助陪同通知客人将行李放在房间门口，必要时还应告诉客人收取行李的具体时间，以免耽误时间。

7. 客人登记入住后，并不立即去房间，而是要求行李员将其行李先送入房间

（1）问清客人的房号并请客人出示房间钥匙和欢迎卡，请客人核对行李，确认无误后送入客房。进入客房时，须同楼层服务员一起进入。

（2）做好该房的送运行李记录。

（3）过于贵重的物品，要提醒客人不要放在行李寄存处寄存。

四、行李的寄存与提取

1. 行李长期寄存程序（寄存期限 30 天）

（1）有礼貌地与客人打招呼，了解客人寄存的要求。

（2）询问客人，行李中有无贵重物品或需特殊处理的物品。

（3）请客人填写行李寄存单（图 4-15），一式两联。

（4）将提取联交客人保留。

（5）将寄存联拴在客人行李上。

行李寄存单（正面）

```
姓名
NAME      _____

行李数目
LUGGAGE   _____

日期                                           时间
DATE      _____  TIME  _____

房号
ROOM NO.  _____

客人签名
GUESTS SIGNATURE  _____

行李员签名
BELLBOYS SIGNATURE  _____


              请注意背面之条件
           Note Conditions on Reverse
```

行李寄存单（背面）

CONTRACT RELEASING LIABILITY

No charge being inside for the receipt and storage of the property for which this check is issued，it is agreed by the holder in accepting this check that the hotel shall not be liable for loss or damage to said property caused by negligence of the hotel or its employees or by water，fire，theft，moths or any other case. If property represented by the check is not called for within six months，the hotel may，at this option，sell the same without notice，at private sales. Hotel is authorized to deliver property to any person presenting this check，without identification.

如已签发此存放行李收条，绝不收取任何费用，但持有人应同意本饭店绝对不负任何有关本饭店的员工疏忽而造成的损失或破坏之责任，例如水浸、火烧、盗贼、虫蛀或其他意外等。如行李存入超过六个月，本饭店将会在不通知的情况下拍卖所有行李。本饭店有权将行李交给任何持有此收条的人士而不需要身份证明。

图 4-15 行李寄存单

（6）将行李物品整齐地放在行李架上。

（7）寄存两件以上的行李，每件行李都挂上一个行李挂牌，写上相应的寄存内容。

（8）将寄存卡上的号码、存放区域等填写在寄存行李登记表内（表4-6）。

表4-6　寄存行李登记表

核对日期

寄存日期	经手人	房号	客人姓名	件数	行李牌 NO	提示牌	提取日期	提取时间	经手人	备注

2. 行李短期寄存程序（寄存不超过 24 小时）

（1）有礼貌地与客人打招呼，了解客人寄存行李的要求。

（2）请客人出示房卡或钥匙牌。

（3）询问客人行李中有无贵重物品或需特殊处理的物品。

（4）填写短期行李寄存卡，写上件数、房号、所存时间等。

（5）将提取联交给客人。

（6）将寄存联与行李拴在一起。

（7）寄存两件以上的行李，每件行李都挂上一个行李挂牌，写上相应的寄存内容。

（8）将行李放于指定位置。

3. 长期寄存行李的提取程序

（1）有礼貌地招呼客人，了解客人要求。

（2）请客人出示提取联。

（3）根据提取联上号码检查行李寄存记录簿。

（4）根据记录簿上的区域迅速为客人查找所需提取行李。

（5）将寄存联从行李上取下与提取联再核对一下号码，并检查上面有无记载其他注意事项。

（6）将行李交给客人确认，然后发还客人。

（7）请客人在寄存联上签字，经办人签字。

（8）将寄存卡两联订在一起留存。

4. 短期寄存行李提取程序

（1）有礼貌地招呼客人，了解客人要求。

（2）请客人出示提取联。

（3）核对收取寄存行李的提取联。

（4）根据提取联上号码及种类件数迅速为客人查找所需提取的行李。

（5）将行李交给客人确认后，再对照上下联是否一致。

（6）在寄存联上打上时间，经办人签字。

（7）将寄存卡两联订在一起留存。

任务演练 ≫

1. 完成任务

如遇到旅游团队客人，行李员该如何接待，并小组讨论确定最合理的接待程序。

2. 能力评价

依据小组演练的情况，实行小组内成员互评、小组间互评和教师评价，给出提升建议并进行综合评价，填入表 4-7 中。

表 4-7 能力评价

内容			评价		
学习目标		评价内容	组内成员	小组间	教师
知识	应知应会	散客行李服务程序	□优□良□差	□优□良□差	□优□良□差
		团队行李服务程序	□优□良□差	□优□良□差	□优□良□差
专业能力	能独立完成行李服务并解决常见问题	行李服务方法	□优□良□差	□优□良□差	□优□良□差
		行李服务标准	□优□良□差	□优□良□差	□优□良□差
		沟通方法技巧	□优□良□差	□优□良□差	□优□良□差
		服务时间	□优□良□差	□优□良□差	□优□良□差
态度	积极主动、热情礼貌		□优□良□差	□优□良□差	□优□良□差
	有问必答、有求必应		□优□良□差	□优□良□差	□优□良□差
提升建议：			综合评价： □优 □良 □差		

技能训练 ≫

技能训练：散客抵店的行李服务情景模拟。

● 行李员：您好!欢迎光临!

○ 客人：你好!

● 行李员：先生，请您稍等!您的行李是两件，对吗?

○ 客人：是的。

● 行李员：先生，请随我来!（按引领规范要求引领客人走向总台）

　　　　　请问，您怎么称呼?

○ 客人：我叫张军。

● 行李员：张军先生您好!您是初次到本店吗?

　　　　　总台到了，请您在此办理入住登记。

（办完手续后）

● 行李员：张先生，请往这边走。

　　　　　本店二楼咖啡厅正在搞促销活动，有时间您不妨前去品尝。

○ 客人：好的。

● 行李员：张先生，最近餐厅新推出了山珍靓汤，客人们都反映不错，您不妨也去试试。

○ 客人：好的，有机会我一定会去的。

● 行李员：谢谢您!

　　　　　张先生，您的房间到了，请稍等（敲门——通报）。

　　　　　张先生，请进!您的行李放在行李架上，好吗?

○ 客人：好的。

● 行李员：张先生，我能为您介绍房内设施设备的使用情况吗?

○ 客人：好的。

● 行李员：冰箱里有收费的酒水、饮料，饮用后请您填写饮料单。电视1～5频道是收
　　　　　费节目，如果您有需要请您拨打123。如您拨打外线请先加零。

○ 客人：好的。谢谢!

● 行李员：不客气。能为您服务我感到非常荣幸!

　　　　　张先生，您还有什么需要吗?

○ 客人：先这样吧。

● 行李员：好的。祝您入住愉快!

○ 客人：再见!

● 行李员：再见!

训练方法：情景模拟，角色扮演。一学生扮演前厅行李员，另一学生扮演客人，模拟散客抵店的行李服务场景。

训练要求：（1）按行李服务操作流程灵活进行。

　　　　　（2）行李员操作动作协调，体态优雅。

课后练习

一、简答题

1. 团队抵店行李服务应注意些什么？
2. 客人住店期间的行李服务有哪些常见问题？怎样处理？
3. 散客和团队离店时行李服务的程序及操作标准是什么？

二、案例分析

某日中午，在某五星级饭店大堂，一位住客提着行李箱走出电梯，径直来到大堂一侧的礼宾部值班台。正在当班的小王见到该客人就主动招呼说："李经理，需要帮忙吗？最近一切不错吧！"李先生回答说："住得挺好的，这次生意也顺利谈完了。现在想将这行李箱寄存一下，出去办点事，晚上乘 18:40 班机回公司。""好，您就将行李放这吧。"小王边说边热情地伸手从王先生手里提过行李箱。"是否要办个手续？"李先生问。"不用了，咱们都是老熟人了，下午直接找我来取就行了。"小王非常爽快地表示。"好吧，那就谢谢了。"李先生说完便匆匆离开饭店外出了。

16:30，小王忙碌着为客人收、发行李，安排其他相关事宜，行李员小张来接班，小王将手头的工作转交给小张，下班离店。

16:50，李先生匆匆赶到值班台，不见小王，只好对当班的小张说："我将一个行李箱交给小王了，但他现在不在，你能帮我提出来吗？""请您出示行李寄存提取联，先生。"小张礼貌地说，李先生只好如实说："小王是我朋友，当时他说不用办手续了，所以没有行李牌，你看……"小张忙说："呀，这可麻烦了，小王没跟我交代这件事，他又下班回家了，他正在路上呢……""请你想个办法，我还要赶今天 18:40 的班机呢！"李先生急迫地打断了小张的讲话。

请思考：若你是案例中的小张，如何处理此事？

任务四 ┃ 委托代办服务

任务目标 ≫

➢ 了解什么是委托代办服务；
➢ 掌握委托代办旅游服务的程序；
➢ 了解委托代办的项目有哪些。

任务准备 ≫

➢ 场地准备：模拟前厅；

> ➤ 用品准备：信笺、笔等；
> ➤ 仪容仪表准备：男女生穿戴正式、整齐，尽量模拟前厅服务员的穿戴。

任务描述 ≫

一位入住饭店的老奶奶要委托代办快递，邮寄衣物给山区的小朋友，如果你是前厅服务员，该怎么做才能帮助到老奶奶？

任务分析 ≫

老奶奶献爱心，作为服务员更要为老奶奶做好优质的服务。首先了解物品种类、重量、目的地，然后帮助老奶奶联系快递公司上门收货，记录托运单号码，最后将托运单交给老奶奶，收取费用。

相关知识

委托代办的范围较为广泛，在饭店当中比较常见的委托代办项目及处理程序内容如下。

一、问询

（1）制作完备的咨询资料（店内咨询、城市咨询）。
（2）回答必须详细、清楚、准确。
（3）制作指示卡以减轻工作量。
（4）寻求内部合作，将咨询信息传授给前厅部其他岗位。

二、快递

（1）了解物品种类、重量、目的地。
（2）向客人说明有关违禁品的邮政限制。
（3）如系国际快递，向客人说明海关限制及国际托运事宜。
（4）提供打包和托运一条龙服务。
（5）联系快递公司上门收货。
（6）记录托运单号码。
（7）将托运单交给客人，并收取费用。
（8）贵重或易碎物品请专业公司托运。

三、接送

（1）书面确定时间、地点、付款等信息。
（2）明确会合地点。
（3）出发前确认航班等到达、离开时间。
（4）掌握预订人的联系方法，以防接送失误。

四、订房

（1）详细了解客人要求。

（2）按要求订房并获得确认。

（3）明确预订担保条件。

（4）明确付款方式。

（5）如有等候预订等情况，向客人说明。

（6）将书面确认信息交给客人。

五、订餐

（1）了解店内、店外特色餐饮场所。

（2）了解客人需求。

（3）向客人推荐恰当的地方。

（4）向餐厅预订并请其关照客人。

（5）向客人确认预订已完成。

六、订车

（1）与信誉良好的租车公司建立合作关系。

（2）告知客人租车公司所需手续。

（3）安排客人与租车公司办理手续。

七、订票

（1）熟悉本地机票代理、火车站、码头、戏院、音乐厅等的地址、电话、联系人。

（2）了解客人要求。

（3）明确如客人要求无法满足时可做何种程度的变通。

（4）向客人声明取消的条件。

（5）协助客人外出。

八、订花

（1）与花商建立良好关系。

（2）记录并复述客人要求。

（3）按客人要求订花。

（4）计算费用并请客人付账。

（5）将花送到指定地点。

九、美容、按摩及其他

（1）选择规范、安全的场所。

（2）替客人预订并选择操作者。

（3）必要时提供合法的房间服务。

（4）如客人表现出对色情服务的兴趣，应婉拒之。

注： 需付费的委托代办项目，先填写委托代办委托书，请客人签名确认。

十、委托代办旅游

1．服务准备

（1）建立景点和旅游代理档案，在饭店内给予展示，如图4-16所示。

（2）与一些大型、信誉良好的旅行社建立良好的合作关系。

2．服务实施

（1）向客人推荐有价值的线路。

（2）替客人联系旅游代理。

（3）清楚告诉客人乘车地点和准确时间，图4-17所示为客人乘坐旅游车前往旅游景点。

（4）向客人明确旅途注意事项。

图4-16　展示旅游产品

图4-17　客人乘坐旅游车

3．预付

（1）请客人预付现金（宁多勿少）。

（2）开具收据。

（3）委托代办完成后，将手续费记入当天收入。

（4）如客人不预付现金，则要动用备用金，再由财务部报销，如表4-8所示。

4．服务记录

（1）请客人填写委托代办委托书，请客人签名确认。

（2）发票：如客人需要发票，到财务部开具。

注： 饭店内正常的服务项目和在饭店内能代办的项目不收取服务费。

（3）存档并作相应记录，如图4-18所示。

表 4-8 饭店备用金申请表

申请人:		部门	
用途:			
备用金金额:			
审 批 意 见			
部门经理意见			
主管副总意见			
财务总监意见			
总经理意见			
备注			

编号：000001

礼宾部委托代办书

CONCIERGE ORDER

房号：　　　　　　　　　　　　　　　　　　　　　　　姓名：
ROOM NO.＿＿＿＿＿＿＿　　　　　　　GUEST NAME: ＿＿＿＿＿＿

代办服务：
SERVICE

□ ＿＿＿＿＿＿＿＿＿＿＿＿＿＿＿＿＿＿＿＿＿＿＿＿＿＿＿
□ ＿＿＿＿＿＿＿＿＿＿＿＿＿＿＿＿＿＿＿＿＿＿＿＿＿＿＿
□ ＿＿＿＿＿＿＿＿＿＿＿＿＿＿＿＿＿＿＿＿＿＿＿＿＿＿＿
□ ＿＿＿＿＿＿＿＿＿＿＿＿＿＿＿＿＿＿＿＿＿＿＿＿＿＿＿
□ ＿＿＿＿＿＿＿＿＿＿＿＿＿＿＿＿＿＿＿＿＿＿＿＿＿＿＿

备注：
REMARKS ＿＿＿＿＿＿＿＿＿＿＿＿＿＿＿＿＿＿＿＿＿＿＿＿

宾客须知
NOTES

1. 如需到本店以外办理委托之业务，完成与否，均需收取交通费用。

THE TRANSPORTATION CHARGES CAN NOT BE REIMBURSE IN CASE OF THE UNSUCCESSFUL SERVICE.

2. 本饭店不负责在委托代办所提供之服务中出现的任何遗失或损坏。

THE HOTEL IS NOT RESPONSIBLE LIABLE FOR ANY LOSS OR DAMAGE CAUSED BY THE CONCIERGE SERVICES.

3. 本人已明了及接收以上各项委托条件。

I HAVE UNDERSTOOD AND WILL ACCEPT ALL THE COMMISSION TERMS ABOVE.

宾客签名：　　　　　　　电话：　　　　　　　日期：
SIGNATURE: ＿＿＿＿＿＿　TEL: ＿＿＿＿＿＿　DATE: ＿＿＿＿＿＿

经办人：
HANDLE BY:＿＿＿＿＿＿

＿＿＿＿＿＿＿＿＿＿＿＿＿＿＿＿＿＿＿＿＿＿＿＿＿＿＿＿＿

已按如上委托条件完成
ACCORDING ALL THE COMMISSION TERMS ABOVE HAVE BEEN COMPLETED

签名：　　　　　　　　　　　　　　　　　　　日期：
SIGNATURE: ＿＿＿＿＿＿＿＿　　　　　　　DATE: ＿＿＿＿＿＿

经办人：
HANDLE BY:＿＿＿＿＿＿

第一联：礼宾部
第二联：宾客

图 4-18 饭店礼宾部委托代办书

任务演练 ≫

1. 完成任务

任务一：以小组模拟的形式，帮助客人办理快递服务。

任务二：如遇到 VIP 和旅游团队客人，门童该如何接待？小组讨论并确定最合理的接待程序。

2. 能力评价

依据小组演练的情况，实行小组内成员互评、小组间互评和教师评价，给出提升建议并进行综合评价，填入表 4-9 中。

表 4-9 能力评价

内容			评价		
学习目标		评价内容	组内成员	小组间	教师
知识	应知应会	委托代办服务内容	□优□良□差	□优□良□差	□优□良□差
		委托代办业务要求	□优□良□差	□优□良□差	□优□良□差
专业能力	能独立完成委托代办服务并解决常见问题	委托代办服务方法	□优□良□差	□优□良□差	□优□良□差
		委托代办服务标准	□优□良□差	□优□良□差	□优□良□差
		沟通方法技巧	□优□良□差	□优□良□差	□优□良□差
		服务时间	□优□良□差	□优□良□差	□优□良□差
态度	积极主动、热情礼貌		□优□良□差	□优□良□差	□优□良□差
	有问必答、有求必应		□优□良□差	□优□良□差	□优□良□差
提升建议：			综合评价： □优 □良 □差		

技能训练 ≫

技能训练：委托代办旅游、订票、快递。

训练方法：情景模拟，角色扮演。一名学生扮演金钥匙，另一学生扮演客人，模拟委托代办旅游、订票、快递场景。

训练要求：（1）服务语言准确、精练，有礼貌。

（2）按委托代办服务程序灵活进行。

（3）表情亲切，体态优雅。

课后练习

一、简答题

1. 委托代办的概念是什么？
2. 委托代办旅游服务的程序是什么？
3. 委托代办的项目有哪些？

二、案例分析

2014 年 7 月 29 日（星期四）9:15 左右，在光明万丽大饭店住进来一位白发苍苍的一对夫妻，前厅部服务人员热情接待了这对夫妻，老奶奶人很健谈，在聊天中，才得知，原来老奶奶和老爷爷是地地道道的武汉人，由于老爷爷年轻时参加了国民党，在解放前带着妻儿离开了武汉，去了美国定居，没想到这一走就是六十多年，这次回来，就是想好好看看自己的家乡——武汉。礼宾部小张知道了这对夫妻的事情后，积极努力帮助两位老人重游故里，帮助两位委托办理了旅游手续，找了武汉本地最为专业的旅行社，安排好两位老人家的行程，并千叮咛万嘱咐，要照顾好两位客人。当两位老人家快离开饭店时，专门找到了小张，并紧紧握住小张的手说："谢谢你，是你们饭店的安排，我才能这么仔细地看长江，看家乡的变化，欣赏家乡的美景，看到我日思夜想的武汉！"

请思考：

1. 看完案例，请谈谈体会。
2. 光明万丽大饭店为这对夫妻提供的是委托代办的哪项服务，具体程序是什么？

任务五 "金钥匙"服务

"金钥匙"是一种专业化的饭店服务，"金钥匙"服务人员是指从事饭店大堂工作并且具有一定经验的高级礼宾人员利用个人所掌握的、丰富的外界信息，为客人提供个性化服务的特殊群体。在现实生活中，人们更渴望的是人对人的服务，人对人的关心，人对人的亲切，这一切都包含在金钥匙的日常工作中，也是在这平凡的工作中形成了饭店的氛围，创造了饭店的文化，产生了更大的吸引力。所以，来自世界各国和国内各界的客人，进入饭店大堂，如果看到金钥匙，或是眼前一亮，或是立刻显现出亲切笑容，心中自然也就产生了信任感和亲切感，这就是家的感觉，但又胜过家的感觉，因为他们知道，金钥匙是无所不能的。

任务目标 》

➢ 了解什么是金钥匙服务及其意义；
➢ 掌握金钥匙服务标准。

任务准备 ≫

➢ 场地准备：模拟前厅；
➢ 用品准备：信笺、笔等；
➢ 仪容仪表准备：男生穿戴正式、整齐，尽量模拟"金钥匙"人员的穿戴。

任务描述 ≫

2014 年 2 月 6 日，广州白天鹅宾馆的礼宾部接到销售部一位同事要求帮助宾馆的一个重要客户购买 4 张 2 月 13 日广州至茂名的软卧火车票，由于当时正是过年春节前，买卧铺火车票非常困难，加上客人没有入住我宾馆，只能提供牡丹卡作担保，财务部说追收存在有困难。请扮演"金钥匙"处理好此事件，为客人提供优质的服务。

任务分析 ≫

饭店金钥匙服务不仅是个性化标志的服务，也是一家饭店服务工作特色的具体体现，它具有浓郁的文化内涵，即人情化、感情化，虽平凡却彰显出伟大。

⚡ 相关知识

一、认识什么是金钥匙及其意义

1. 什么是金钥匙

金钥匙服务（Concierge）词义为：门房、守门人、钥匙看管人。金钥匙既是一种专业化的饭店服务，又指一个国际化的民间专业服务组织，此外还是对具有国际金钥匙组织会员资格的饭店礼宾部职员的特殊称谓；饭店金钥匙将给饭店客人带来惊喜，成为饭店特色化、个性化服务的代表。

2. 金钥匙的意义

饭店金钥匙服务是一种委托代办性质的服务，其工作的基本出发点就是为客人排忧解难，帮助客人完成难以解决的一些问题。饭店金钥匙服务也是饭店形象和品牌的一种体现，饭店金钥匙不单纯是一项服务内容，还对一家饭店良好形象的树立起着重要的作用。它的服务本身就是推出优质服务的品牌，赢得客人的赞许。哪家饭店有饭店金钥匙服务，客人、特别是商务客人就愿意到哪家饭店下榻和消费。

饭店金钥匙服务丰富了饭店服务项目在原有许多方面的不足，饭店金钥匙成了客人的万能工。所以哪里有饭店金钥匙，客人就愿意依靠它、喜欢它。

总之，饭店金钥匙服务高质量服务的排头兵，是饭店高品位服务的象征，也是饭店档次高低的体现。所以，它的意义就在于融合了饭店形象、客人需求和社会的赞誉。

二、金钥匙服务标准

1."可靠度"

（1）及时。

（2）改正错误迅速。

（3）服务标准始终如一。

（4）结账等服务准确。

（5）出品、桌面或柜台服务符合标准。

2."可信度"

（1）完整回答客人问题。

（2）客人进门（餐厅、酒吧、商场、大堂等)时感到舒适，立即获得尊重。

（3）主动提供房单、餐单、酒单或展示商品，介绍产品，如房间状况或菜肴成分、加工方法等信息。

（4）使客人有安全感。

（5）服务操作表现出有教养、职业性、经验。

3."灵敏度"

（1）员工之间互助合作，保证服务速度、质量。

（2）时时提供快捷服务。

（3）竭力满足客人的特殊需求，从不说"不"。图 4-19 所示为饭店金钥匙解答客人询问。

图 4-19　饭店金钥匙解答客人询问

4. "完美度"

（1）建筑外观、停车场、庭园醒目，有吸引力。

（2）餐厅分区、商场、通道等醒目，有吸引力。

（3）员工着装整洁、美观、合适。

（4）设施装修、装饰、布局、陈设档次与价格相符。

（5）菜单、宣传品醒目、完好，有吸引力，符合公司形象。

（6）各出入口便利、顺畅，环境宜人。

（7）客房、餐厅、卫生间、商场等各类服务场所前后台整齐、清洁。

（8）时时保持床铺、坐椅、桌面、车、计算机等整洁、位置舒适，且在布置上体现出高雅与热情。

5. "充实度"

（1）时时保持微笑（图4-20）。

（2）主动、细心体察，预料到客人的需求和愿望，而非呆板地从属于规范、制度。

（3）让每位客人都感到受到特别礼遇。

（4）为每一过失细节负责，表示歉意、同情，并保证事不过二。

（5）以顾客获得最大利益为己任。

图4-20 金钥匙的微笑

任务演练 ≫

1. 为客人预订火车票

按任务描述中客人的要求完成订购火车票的工作。以小组的形式，模拟客人与金钥匙的对话。

2. 能力评价

依据小组演练的情况，实行小组内成员互评、小组间互评和教师评价，给出提升建议并进行综合评价，填入表4-10中。

表4-10 能力评价

内容			评价		
学习目标		评价内容	组内成员	小组间	教师
知识	应知应会	金钥匙服务程序	□优□良□差	□优□良□差	□优□良□差
		金钥匙业务要求	□优□良□差	□优□良□差	□优□良□差
专业能力	能独立完成金钥匙服务并解决常见问题	金钥匙服务方法	□优□良□差	□优□良□差	□优□良□差
		金钥匙服务标准	□优□良□差	□优□良□差	□优□良□差
		沟通方法技巧	□优□良□差	□优□良□差	□优□良□差
		服务时间	□优□良□差	□优□良□差	□优□良□差
态度	积极主动、热情礼貌		□优□良□差	□优□良□差	□优□良□差
	有问必答、有求必应		□优□良□差	□优□良□差	□优□良□差
提升建议：			综合评价： □优 □良 □差		

技能训练 ≫

技能训练：金钥匙服务。

训练方法：情景模拟，角色扮演。一名学生扮演 "金钥匙"，另一名学生扮演客人，模拟金钥匙服务场景。

训练要求：（1）发自内心，热情服务。

（2）表情亲切，体态优雅。

课 后 练 习

一、简答题

1. 什么是饭店金钥匙服务？

2. 金钥匙服务标准有哪些？

3. 金钥匙服务的标志是什么？

二、案例分析

这是一名饭店金钥匙的经历："2013 年圣诞节前夕的一天，两位意大利客人入住东方君悦饭店。在入住饭店的第二天傍晚八点左右，两人外出返回饭店，路过礼宾台时，我发现他们在小声地交谈着什么，脸上露出了无奈和无助，我急忙三步并作两步，在客人等电梯时询问他们是否需要帮助，并主动递上了名片，客人这才道出了事情的原委。

"原来在他们入住东方君悦饭店当晚，他们去逛了王府井步行街，在路上认识了一位热心的女孩盛小姐，自愿免费当两位外宾的导游，这位盛小姐自称是在北京上大学学习英语专业，并且想将来出国留学，现在想结识一些外国朋友，可以锻炼英语口语。两位客人第一次来北京，自然接受了，于是盛小姐耐心地讲解并且带他们到一家很有特色的餐厅吃了晚餐，三人分开结账平均每人 160 元人民币，两位意大利客人很高兴，约定第二天傍晚还一起出行。第二天，他们一起又去了一家茶餐厅，结果结账时每人平均消费 5400 元人民币，客人在被限制自由的情况下刷卡结了账，听到这里，我告诉客人这是一种骗术，但我们可以寻求警察的帮助，于是我问客人有没有保留刷卡存根，客人说店方什么也没有给，但他们记得餐厅的位置，因为就在附近，于是在向前厅经理请示后，我带着这两位客人去王府井派出所报案。但经过派出所传讯茶餐厅老板时，老板抵赖说现在出差在外，要后天才回北京，此时客人说明天就要回本国了，不行就算了，他们不想找麻烦，于是就转头走出了派出所。

"路上，我一再劝说，告诉他们愿意带他们直接去餐厅试试，不行的话还可以需求警察帮助。最终他们接受了我的意见。到了茶餐厅后，服务员一眼就认出了客人，我告诉服务人员我们的来意和已经报警的事实后，尽管服务员仍百般抵赖，但毕竟是做贼心虚，经过我的正确劝导，服务员同意每人以现金方式返还 4500 元。此时客人的喜悦和惊喜简直无以言表，握着我冰冷的手一再感激，说：'虽然第一次到北京旅行就碰上了这种不开心的事，但你尽心竭力的服务使我们印象深刻。'我告诉他们我的工作就是帮助客人解决麻烦和困难，凡是客人需要的我们都要努力去完成。"

金钥匙的使命是：为全世界旅行者提供高效、准确、周到、完美的服务，竭尽全力将卓越的服务体现在所做的每一件工作中，在客人的惊喜中、在服务他人中找到自己的人生价值。

请结合案例谈谈你对金钥匙的体会。

任务六　邮件服务

任务目标 >>

➢　了解发送、接收邮件服务员的素质要求；
➢　掌握发送、接收邮件服务的程序。

≫

➢ 场地准备：模拟前厅；
➢ 用品准备：计算机、信笺、笔等；
➢ 仪容仪表准备：穿戴正式、整齐。

任务描述 ≫

模拟情景：六十多岁的张先生同妻子度假旅游住到了希尔顿大饭店，刚入住没多久就接到了商业合作伙伴的电话，需要发一份邮件来确认货物的数量。张先生着急地来到前台，要求代发邮件。请扮演服务员为其发份邮件。

任务分析 ≫

作为一名邮件服务员，要完成好代发邮件服务，首先要熟悉并掌握发邮件的相关流程，其次要想客人之所想，这样才能为客人提供最优质的服务。

相关知识

随着互联网技术的发展，发送和接收邮件成为很多商务人士洽谈业务的一种重要方式。为了满足客人的需要，大型饭店的商务中心都会提供接收和发送的邮件服务。而作为商务中心发送、接收邮件的服务人员必须要熟练掌握计算机操作，责任心也要强。

电子邮件（E-mail）是一种通过网络实现相互传送和接收信息的现代化通信方式。用户可以用非常低廉的价格（不管发送到哪里，都只需负担电话费和网费即可），以非常快速的方式（几秒钟之内可以发送到世界上任何你指定的目的地），与世界上任何一个角落的网络用户联系，这些电子邮件可以是文字、图像、声音等各种方式。同时，用户可以得到大量免费的新闻、专题邮件，实现轻松的信息搜索。

一、邮件服务方法

在饭店中，客人需要发邮件时，其邮件服务可按照步骤完成，具体的服务方法如下：

1. 服务准备

（1）准备好相关的发送和接收邮件的设施设备。
（2）主动问候客人，介绍收费标准。

2. 服务提供

（1）了解客人需求是发送还是接收邮件。
（2）如是发送邮件，接过客人的邮件原稿，了解客人的发送格式，然后检查原稿，检查是否有不清的文字。
（3）邮件写好后，再校对一遍。
（4）将原稿交给客人，为客人开单收费（图4-21）。

邮件收费单

Mail the charge list

Voucher No.

宾客姓名 Guest Name: _____

房号 Room No.: _____ 日期 Date: _____

项目/ITEMS	金额 AMOUNT
总计 TOTAL:	

_____   _____
Cashier 收款员   Guest's Signature 宾客签名

图 4-19 邮件收费单

3. 服务记录

填写商务中心发送、接收邮件报表（表 4-11）。

表 4-11 邮件接收报表

序号	发件单位	邮件类别	收件时间	收件人签收（姓名/房间号）	值班员	备注

二、接收、发送邮件服务人员的素质要求

（1）热情礼貌，服务周到，责任心强。

（2）能熟练操作计算机，有一定的网络知识。

（3）有一定的英语基础，英语听、说、读、写较熟练掌握。

任务演练 ≫

1. 收发邮件

以小组模拟的形式，自行设计关于"收发邮件"的情景对话内容。

2. 能力评价

依据小组演练的情况，实行小组内成员互评、小组间互评和教师评价，给出提升建议并进行综合评价，填入表4-12中。

表4-12　能力评价

内容			评价		
学习目标		评价内容	组内成员	小组间	教师
知识	应知应会	收发邮件服务程序	□优□良□差	□优□良□差	□优□良□差
		收发邮件业务要求	□优□良□差	□优□良□差	□优□良□差
专业能力	能独立完成收发邮件服务并解决常见问题	收发邮件服务方法	□优□良□差	□优□良□差	□优□良□差
		收发邮件服务标准	□优□良□差	□优□良□差	□优□良□差
		沟通方法技巧	□优□良□差	□优□良□差	□优□良□差
		服务时间	□优□良□差	□优□良□差	□优□良□差
态度	积极主动、热情礼貌		□优□良□差	□优□良□差	□优□良□差
	有问必答、有求必应		□优□良□差	□优□良□差	□优□良□差
提升建议：			综合评价： □优 □良 □差		

技能训练 》

技能训练：为客人收发邮件。

训练方法：情景模拟，角色扮演。一名学生扮演前厅服务员，另一名学生扮演客人，模拟为客人收发邮件的场景。

训练要求：（1）服务语言准确、精练，有礼貌。
　　　　　　（2）按收发邮件流程灵活进行。

课 后 练 习

一、简答题

1. 简述邮件服务的程序。
2. 简述接收、发送邮件服务人员的素质要求。

二、思考题

在收发邮件过程中，邮件内容存在有一些商业秘密，该如何处理？

项 目 总 结

礼宾部是饭店第一个直接接待宾客的窗口，为客人提供询问、代办、运送行李、保管行李等相关服务，成为饭店形象的代表。礼宾部的工作效率、服务质量会直接给客人留下深刻的第一印象，同时直接体现整个饭店的服务水准，也是饭店管理层管理水平的直接体现。

礼宾部的服务贯穿于饭店对客服务的整体过程。例如 check in 的客人，可能在带领客人进入客房时，客人会通过行李员的介绍对饭店的大部分饭店产品有所了解。通过行李员的介绍能带动餐饮、娱乐、商场等部门的业务经营，因此，礼宾部的运转与服务在经济效益和公共关系方面直接影响着整个饭店的经营管理。

项目五

电话总机服务

随着现代通信技术的迅猛发展，电话在生活中的使用越来越普及并日益受到人们的重视，在饭店中更是如此。电话总机是饭店内外联络的通信枢纽，是饭店与客人交流、沟通感情的桥梁。总机话务员以电话为媒介，直接为客人提供各种话务服务。其服务质量的高低，直接影响着客人对饭店的评价，影响到饭店的经营效益。

学习目标

➤ 掌握转接电话服务知识；
➤ 掌握电话留言服务程序；
➤ 掌握叫醒服务程序；
➤ 了解店内传呼服务以及其他总机服务；
➤ 学会灵活运用所学电话总机服务知识。

任务一 ┃ 转接电话服务

任务目标 ≫

➤ 了解电话总机服务人员的素质要求；
➤ 掌握转接电话服务的要求和注意事项；
➤ 能将相关知识熟练运用于各种不同情况下的电话转接服务中。

任务准备 ≫

➤ 场地准备：模拟话务台；
➤ 用品准备：模拟电话交换机、计算机、信笺、笔等；
➤ 仪容仪表准备：与课人员身着职业装，女生化淡妆、盘发。

任务描述 ≫

学生分成两人一组，交互练习转接电话服务，按操作程序进行：接外线电话—接内线分机电话—接客房电话—接打错的电话—转内线分机电话—转客房电话—转电话至占线分机—转电话至无人应答房间。

任务分析 ≫

在情景模拟演练时，学生应按照总机服务人员的素质要求及接听电话的相关要求进行转接电话服务。使用规范用语，针对不同情况下的电话转接服务分别进行操作演练，掌握转接电话服务中不同情况下的应对措施。

相关知识

一、接听电话的四个要求

饭店来往的客人很多，因此服务员接听电话也应做到服务标准化，以树立本店形象。

1. 正确使用称呼

（1）按职务称呼。首先设法了解客人的姓名和职务，按照姓氏冠以职务称呼，如张局长、王科长、吴博士等。如不知姓名，仅知其职务，也可直呼其职务，如：董事长、总经理、经理、局长等。只知其姓氏而不知其职务，也可按照姓氏冠以"先生"或"小姐"、"女士"进行称呼。

（2）按年龄称呼。在无法了解姓名和职务的情况下，可根据客人的年龄状况、性别等予以尊称，如：先生、太太、小姐、老人家、小朋友等。

（3）按身份称呼。如果电话是军队打来，对方报了姓氏、职位或军衔，则应按军衔级别称呼，如师长、团长、连长、将军等。暂时不清楚军衔的官员可统称"首长"。对无军衔的士兵可称"同志"或"解放军同志"（仅限国内军人）。对国内地方官员，如知道职务的应按职务称呼，如不知道职务的可统称先生，也可称同志。如对对方的情况一概不清楚时，如对方是男士应称先生；如对方是女士，应先向对方询问"请问我应该怎样称呼您呢？"然后根据对方提供的资料选择称呼，千万不可随意称呼对方，以免造成误会。

2. 正确使用敬语

电话中的敬语一般有"您"、"您好"、"请"、"劳驾"、"麻烦您"、"多谢您"、"可否"、"能否代劳"、"有劳"、"效劳"、"拜托"、"谢谢"、"请稍候"、"对不起"、"再见"等。在服务中要始终使用这些敬语。

3. 对容易造成误会的同音字和词要注意咬字（词）清楚

中国语言类型丰富复杂，多种方言和民族语言交织，同音字比较多，稍有不慎就容易出现完全不同的意思，例如：食着未——死着未（广东白话）；水饺——睡觉（不标准普通话）；徐生（徐先生）——徐衫（广东白话）。由于电话交谈不能面对面地解释清楚，因此很容易造成误解，应特别注意。在通话中咬字要清楚，避免两种语言混合使用而造成误会。

4. 要把复杂专业用语言换成通俗的日常语

不要对客人讲俗话和不易理解的饭店缩写专业语言，以免客人不明白而造成误解，例如：VIP（重要客人——very important person）；PA（公共区域——public area）；DJ（音响操作员——disk jockey）；AM（大堂副理——assistant manager）；GM（总经理——general manager）等。

二、话务员的规范用语

接听电话的常用语如下：

（1）Good morning/afternoon/evening, XX hotel, may I help you?或用中文：您好，××饭店，请问有什么需要？

（2）Good morning /afternoon/evening, Operator, may I help you?或用中文：您好，我是总机，请问有什么需要？

（3）I am sorry , The line is busy now. Just moment please.或用中文：对不起，电话正忙，请稍候。

（4）I am sorry ,you dial the wrong number. Please check it.或用中文：对不起，您打错了，请核查电话号码。

三、电话总机服务人员的素质要求

总机服务在饭店对客服务中扮演着重要角色。每一位话务员的声音都代表着"饭店的声音"，是饭店"只听悦耳声，不见微笑容"的幕后服务大使。话务员必须以热情的态度、礼貌的语言、甜美的嗓音、娴熟的技能优质高效地开展对客服务，使客人能够通过电话感受到来自饭店的微笑、热情、礼貌和修养，甚至感受到饭店的档次和管理水平。话务员的素质要求如下：

（1）修养良好，责任感强。

（2）口齿清楚、音质甜美、语速适中。

（3）听写迅速，反应敏捷。

（4）专注认真，记忆力强。

（5）有较强的外语听说能力。

（6）有饭店话务工作经历，熟悉电话业务。

（7）有熟练的计算机操作和打字技术。

（8）有较强的信息沟通能力。

（9）掌握饭店服务、旅游景点及娱乐等知识与信息。

（10）严守话务机密。

四、转接电话服务

转接电话的要求以及注意事项如下：

（1）必须在铃响三声之前接听电话，并主动向客人问好，自报店名或岗位。

（2）根据客人要求，迅速准确地接转电话。必要时应详尽记录并复述，以得到客人的确认。如对方投诉，接待更要耐心，回复对方的话要十分注意语气和措词，要显得热情、诚恳、友善、亲切，并使对方能体会到你对他的关注。

（3）遇到转接的电话占线或线路繁忙时，话务员应请对方稍等，并使用音乐保留键，播出悦耳的音乐。

（4）对无人接听的电话，铃响半分钟后（五声），必须向客人说明："对不起，电话没有人接，请问您是否需要留言？"需要给房间客人留言的电话一般由话务员记录，复述确认后，通知行李员送至客房或前台问讯处，或者开启客房内的电话留言信号；给饭店管理人员的留言一律由话务员记录下来，并复述确认，通过传呼或其他有效方式快转达。

（5）在来话方只知道要找的住客姓名而不知房号时，应请其稍等，查出房号予以接转，但不能告诉对方住客的房号；如果来话方只告诉房号，应首先了解住客姓名，然后核对计算机中客人资料，应特别注意该房客人有无特别要求，如要求房号保密、免电话打扰或有住客留言等；如有则无需将电话转入房内。

（6）对于要求房号保密的客人，如果事先并没有要求不接任何电话，可问清来话方姓名、单位等，然后告诉住客，询问是否接听电话。如果客人表示不接任何电话，应立即通知总台在计算机输入保密标志，遇来访客人或电话查询时，即回应该客人未入住本饭店。

（7）如果住客要求"免电话打扰"，应礼貌地向来话方说明，并建议其留言或待取消"免打扰"之后再来电话。

（8）如果来话方是长途电话，而房间内无人接听，则应先帮助寻找住客，再作电话留言；如住客房间占线，则应将电话插入该房间，向住客说明有长途电话是否需要接听，征得客人同意后，请客人先将房间话机挂上，再把电话转入。

（9）挂断电话时切忌匆忙，一定要待客人先挂断后，才能切断线路。为了能准确、快捷地接转电话，话务员必须熟练掌握接转电话的技能，熟知交换机的操作方法。同时应熟悉本饭店的组织机构、各部门的职责范围，尽可能地辨认长住客人、饭店中高层管理人员的语音特点，随时掌握最新的住客资料。

任务演练 ≫

1. 转接电话

请学生分组、分角色演练不同情况下转接电话的情景，按如下顺序：接外线电话—接内线分机电话—接客房电话—接打错的电话—转内线分机电话—转客房电话—转电话至占线分机—转电话至无人应答房间。

2. 能力评价

依据小组演练的情况，实行小组内成员互评、小组间互评和教师评价，给出提升建议并进行综合评价，填入表5-1中。

表 5-1 能力评价

内容		评价		
学习目标	评价内容	组内成员	小组间	教师
知识 应知应会	转接电话服务程序	□优□良□差	□优□良□差	□优□良□差
	转接电话服务要求	□优□良□差	□优□良□差	□优□良□差
专业能力 能独立完成电话专业服务并解决常见问题	服务方法	□优□良□差	□优□良□差	□优□良□差
	服务标准	□优□良□差	□优□良□差	□优□良□差
	沟通方法技巧	□优□良□差	□优□良□差	□优□良□差
	服务时间	□优□良□差	□优□良□差	□优□良□差
态度	积极主动、热情礼貌	□优□良□差	□优□良□差	□优□良□差
	有问必答、有求必应	□优□良□差	□优□良□差	□优□良□差
提升建议：		综合评价： □优 □良 □差		

技能训练 >>

技能训练：在给定的情景下进行电话转接服务。

训练方法：学生分成两人一组，随机分配给每组一个电话转接情景，学生根据所学知识完成电话转接服务的情景对话，交互训练，教师点评。

训练要求：（1）服务过程中口齿清晰、态度热情，语音语调亲切甜美。

（2）话务用语规范，服务状态符合话务员的素质要求。

（3）演练过程中遵循转接电话服务的相关程序及要求。

课 后 练 习

一、简答题

背诵话务员的规范用语。

二、案例分析

接听电话要迅速

一位客人入住某饭店，临走时给前厅经理留下了一封信，在赞扬了该饭店的服务水平的同时，提出总机接话稍慢，希望改进的建议。前厅经理看完信后，亲自试打了几次电话，发现总机服务确实存在问题，常常是铃声响了五六次以后总机小姐才接电话，甚至还没人接听。经过调查，前厅经理发现接听电话慢或没人接听电话的情况均发生在总机只有一个服务员值班时段，值班人员有时忙不过来，或有时恰好不。于是前厅经理责成电话总机在两日内解决接话慢的问题。

请写出切实可行的方案让饭店总机做到迅速接听客人电话。

任务二 电话问询及留言服务

任务目标 》

➢ 学会问讯服务以及注意事项;
➢ 学会留言服务程序;
➢ 在工作中要运用所学知识迅速应对紧急状况。

任务准备 》

➢ 任务描述场地准备:模拟话务台;
➢ 用品准备:模拟电话、计算机、信笺、笔等;
➢ 仪容仪表准备:与课人员身着职业装,女生化淡妆、盘发。

任务描述 》

学生分成两人一组,交互练习电话问询服务,电话问询服务中话务员要做好详细的电话记录。留言服务按操作程序进行:接听店外客人留言—将留言输入计算机—开启客房留言灯—取消留言服务。

任务分析 》

在情景模拟演练过程中,按照话务员的素质要求进行电话接听服务,接听电话时使用规范用语。问询服务要求话务员应掌握相关信息资料以便更好地回答客人的问询,知道如何处理问询服务中可能出现的情况,并做好完整的电话记录。留言服务需按照正确地服务程序以及操作步骤进行,应注意留言信息的准确性。

相关知识

一、问询服务

饭店内外客人往往会向话务员提出各种问询,因此,话务员也应该需要为客人提供查询服务。总机话务员需要掌握相关信息资料,还应该不断更新信息资料,以便正确、高效地回答客人的问询。

(1)如有关预订事宜,应及时与预订处或接待处联系,及时答复,并在必要时做好详尽的电话记录。一般来说,一个完整的电话记录应包括下列内容:

① 受话人的姓名。
② 发话人的姓名和公司。

③ 发话人的电话号码和分机号码。

④ 发话人所在的城市。

⑤ 电话留言。

⑥ 要求的和允许的活动。

⑦ 通话的日期和时间。

⑧ 记录人的姓名。

（2）了解饭店服务项目及设施，尽可能热情地介绍，做好相关的饭店产品的推销工作。

（3）对有急事的人要迅速回答。

话务员在回答客人问询时需要注意如下方面：

（1）如果无法找到受话客人，话务员不应立即回绝来话客人，而应与前台进一步联系。因为这有可能是由于客人刚刚抵达饭店，有关信息还未来得及传递到总机等原因造成的。

（2）记事板。总机房的醒目处应设有记事板。记事板上记录的内容有天气预报、要求提供"免电话打扰"服务的住客资料、饭店主要管理人员去向、客人要求提供的特殊服务内容等。及时更新记事板的内容有助于总机话务员正确回答客人的问询。

二、留言服务

客人来电找不到受话人时，话务员应主动向来电客人建议是否需要留言。如受话客人已要求"免电话打扰"服务，话务员通常也应采取留言服务方式处理电话。

电话留言服务程序如表 5-2 所示。

表 5-2　电话留言服务程序

服务程序	操作步骤
1. 接听店外客人留言	（1）话务员认真核对要找的店内客人的姓名、房号等信息是否准确； （2）准确记录留言者的姓名和联系方式； （3）准确记录留言内容，并复述以得到客人确认
2. 将留言输入计算机	（1）用计算机查出店内客人的房间，通过固定程序输入留言； （2）核实输入内容准确无误； （3）输入提供留言服务员的姓名； （4）打印留言
3. 开启客房留言灯	（1）按程序开启客房留言灯； （2）每日交接班时核对留言及留言灯是否相符； （3）当客人电话查询时，将留言准确地告知客人
4. 取消留言服务	（1）按程序关闭客房留言灯； （2）清除留言内容

1. 电话应对的原则

电话交谈没办法以表情活动传达意思，因此，如果服务员应对不适当，很容易招致对方的误解。基本的应对原则如下：

（1）电话铃响三声，必须接听电话。

（2）清晰及快速地报出饭店及部门名称。

（3）报出自己的名字，提出是否需要帮助。

（4）用自然的声音接听电话，语音不要过于响亮或叫喊。

（5）用温和礼貌的态度去接听电话。

（6）仔细聆听对方的话语，感受他当时的心情。

（7）让对方了解你很想要帮助他。

（8）不要由于查找资料或其他事情使对方一直等候。

（9）当知道对方姓氏后，请连姓氏称呼（例如：Mr. Wang / Ms. Zhao）。

（10）使用礼貌用语。

（11）准备好笔和纸，用来记录。

（12）向对方重复完整简要的口信，确认是否准确。

（13）澄清一切有可能出错的地方。

（14）表示感谢对方的来电。

2. 外线电话和饭店内部电话的接听用语

（1）外线电话接听用语：

——Good morning, ×××hotel ××× speaking, how may I help you? /早上好，这里是×××大饭店，我是×××，有什么可以帮您的吗？

（2）内部电话接听用语：

——Good evening, concierge×××speaking, how may I help you?/晚上好，这里是礼宾部，我是×××，有什么可以帮您的吗？

3. 接到拨错号码的电话应对方式

接到对方拨错号码的外线电话，应采取以下方式应对：

——I'm afraid you have the wrong number. This is the ××× Hotel, 5888-5888. / 您恐怕拨错号码了。这里是8331-9521，×××大饭店。

如果是客人拨错部门分机号码，应该立即转换到客人想联络的部门：

——This is concierge desk. I'll transfer your call to restaurant reservations. / 这里是礼宾部，我帮您转到餐厅预订。

——I'm afraid this is a direct line. We cannot transfer your call to the western restaurant. Could you dial 5888-5812, please? 抱歉，这是直线电话。我们无法为您转到饭店西餐厅，请拨 5888-5812，好吗？

4. 结束对话方式

电话应对结束时可以说和开头同等重要，尤其有关接待客人的服务。所以对话结束时使用的字眼应该简洁有力，给宾客良好的印象，最好不要说"bye-bye"：

——Thank you for calling. 感谢你的来电。

——We look forward to hearing from you. 我们期待听到您的消息。

——We look forward to serving you. 我们期待为您服务。

——Please contact me if you have any further questions. 如果有任何问题请和我联系。

三、紧急情况处理

当接到紧急电话时，话务员应学会随机应变，应根据所掌握的专业知识，按照饭店工作程序尽量帮助客人解决问题，若实在无法解决，必要时应通知当值主管或相关领导。

案例分析 ≫

北京的长途电话

8 月中旬，某饭店的入住率一直很高，团队、散客纷至沓来，其中有个团队是国家某部委组织的各省市机关领导人会议人员。晚上 10 时 20 分左右，总机话务员小潘接到了一个北京长途，要找参加会议的某局局长许先生，来电人称是他的秘书，有极其重要的事情要汇报，可是拨叫手机无人应答，房间号码又不清楚，只好求助于总机。小潘按照程序查询了计算机，但计算机中没有记录，又向前台询问了领队的房间号，并立即给领队打电话。由于时间已晚，小潘首先讲明了原因并请对方谅解，因为只有领队掌握团队人员姓名及房间号，计算机登记的只是团队代码。通过领队的帮助，小潘很快找到了许先生，并为其接通了电话。大约 10 分钟过后，那位秘书又给总机打来电话，对小潘的帮助表示衷心的感谢，并对她的工作给予了充分的肯定。

评析：

电话寻找不知房间号码的住店客人是总机经常会遇到的情况，在没有客人详细资料登记的情况下，确实需要话务员开动脑筋，想方设法找到客人。上述案例中的总机话务员具有对宾客认真负责的精神，在计算机查询无果的情况下又通过前台查到领队的房间，在向领队询问后终于使北京的长途电话客人与住店客人顺利通了电话。此次服务质量堪称完美。

任务演练 ≫

1. 问讯服务

步骤一：由一名学生扮演话务员，另一名学生扮演客人，学生交互练习电话接听服务。

步骤二：对每组演练的案例进行分析，找出值得学习的服务方法及不足的地方。反思并讨论在现实工作中，还会出现哪些情况。

2. 能力评价

依据小组演练的情况，实行小组内成员互评、小组间互评和教师评价，给出提升建议并进行综合评价，填入表 5-3 中。

表 5-3　能力评价

内容			评价		
学习目标		评价内容	组内成员	小组间	教师
知识	应知应会	问讯服务程序	□优□良□差	□优□良□差	□优□良□差
		问讯服务要求	□优□良□差	□优□良□差	□优□良□差
专业能力	能独立完成问讯服务并解决常见问题	问讯服务方法	□优□良□差	□优□良□差	□优□良□差
		问讯服务标准	□优□良□差	□优□良□差	□优□良□差
		沟通方法技巧	□优□良□差	□优□良□差	□优□良□差
		服务时间	□优□良□差	□优□良□差	□优□良□差
态度	积极主动、热情礼貌		□优□良□差	□优□良□差	□优□良□差
	有问必答、有求必应		□优□良□差	□优□良□差	□优□良□差
提升建议：		综合评价： □优 □良 □差			

技能训练 ≫

技能训练：在给定的情景下进行电话问询服务及留言服务。

训练方法：学生分成两人一组，根据老师给定的电话问询服务及留言服务情景，运用所学知识完成电话问询服务及留言服务的情景对话，交互训练，教师点评。

训练要求：（1）服务过程中耐心细致、口齿清晰、态度热情。

（2）电话用语规范得体，体现专业素养。

（3）电话问询服务中掌握相关信息资料，并做好完整的电话记录。

（4）留言服务操作程序正确完整，留言信息准确。

课 后 练 习

一、简答题

1. 电话留言服务程序包括哪些内容？

2. 一个完整的电话记录应该包括哪些内容？

二、情景分析题

1. 一位客人打电话要询问一位入住本饭店的女士，总机服务人员根据计算机资料告诉来电者该女士并未入住，来电人仍然纠缠不休，还要转接电话进入客房，如果你遇到这个情况该如何处理？

2. 一位新加坡客人入住饭店，当晚一位饭店的熟客打电话询问新加坡客人的入住房号，如果你遇到这个情况，该如何处理？

任务三 叫醒服务及店内传呼服务

任务目标 ≫

➢ 掌握人工叫醒服务程序；
➢ 掌握自动叫醒服务程序；
➢ 了解店内传呼服务以及其他总机服务工作。

任务准备 ≫

➢ 任务描述场地准备：模拟话务台；
➢ 用品准备：模拟电话、计算机、信笺、笔等；
➢ 仪容仪表准备：与课人员身着职业装，女生化淡妆、盘发。

任务描述 ≫

学生分组，按接客房电话—记录—核对住客信息—输入—汇总叫醒服务—夜班核查—落实叫醒服务的操作程序，自行设计为客人提供叫醒服务的情景对话并进行演练。要求学生在演练后思考可能会出现的问题并回答如何应对。

任务分析 ≫

在情景模拟演练过程中，要求言语规范，体现出专业素养。对两种叫醒服务分别按服务程序进行演练，受理服务时应认真仔细慎重，保证服务落实情况，并注意其他特殊情况的处理。

相关知识

一、叫醒服务

电话叫醒服务是饭店对客服务的一项重要内容。它涉及客人的计划和日程安排，尤其是关系到客人的航班、车次或船次。因此，千万不能出现任何差错，否则将给饭店和客人带来不可弥补的损失。饭店向客人提供叫醒服务的方式有两种：人工叫醒服务和自动叫醒服务。

1. 人工叫醒服务

（1）接到客人要求叫醒的电话时，要询问客人的房号、姓名、叫醒时间，并复述以确保无误。

（2）填写叫醒服务记录表，内容包括叫醒时间、房号等。

（3）在定时器上定时。

（4）定时器鸣响，接通客房分机叫醒客人："早上好/下午好……现在是某点钟，已到您的叫醒时间。"过五分钟后应再叫醒一次，以确保叫醒服务生效。

（5）如果两次拨打电话均无人应答，则应通知客房服务中心服务员或大堂副理实地查看，以防止发生意外情况。

2. 自动叫醒服务

（1）接到客人需要叫醒服务的电话时，要问清客人的房号、姓名、叫醒时间，并复述以确保无误。

（2）在叫醒服务记录表上填写登记。

（3）将所有需要叫醒的房号、时间输入计算机中。

（4）总机领班或主管应核对输入情况，检查有无差错，并检查核对打印报告，以防机器有误。

（5）客房电话按时响铃唤醒客人。

（6）若无人应答，话务员应使用人工叫醒的方法再叫醒一次，以确认设施是否发生故障。

（7）若仍无人应答，应通知大堂副理或客房服务中心员工查清原因。

无论是人工叫醒，还是自动叫醒，话务员在受理这项服务时，都应认真、仔细、慎重。如果由于话务员的疏忽，忘记及时叫醒客人，其后果是非常严重的，不但会招致客人的投诉，还有可能赔偿客人由此带来的一切损失。所以对那些具有自动叫醒功能的饭店总机而言，在打印机打印出来客人已被叫醒的记录后，再用人工叫醒方法检查落实，以证实客人确已被叫醒。另外，由于很少人乐意在熟睡中被叫醒，所以话务员还应注意叫醒的方式，如在叫醒客人时，尽量以姓氏称呼客人；如是贵宾，则必须人工叫醒；若能在叫醒服务时将当天的天气变化情况告知客人，并询问客人是否需要其他服务（如是否需要在房内用膳），则会给客人留下深刻而美好的印象。

二、店内传呼服务

为了密切店内各职能部门之间的沟通联络，同时也使各级别员工对有关业务问题能够及时作出反应处理，现代饭店内部设立了传呼系统（图5-1）。传呼系统的控制由总机人员负责。因此，话务员应熟悉传呼器携带者的呼叫号码，并了解他们的工作区域、日程安排及去向。当店内员工提出寻呼要求时，话务员即可在呼叫系统准确键入打电话者或部门分机号码，也可直接键入总机号码，并记录寻呼者提出的某些要求，以便向寻呼者进行简明转达。有的饭店甚至将寻呼器租借给住店客人使用，从而扩大了饭店总机的业务范围，大大方便了客人的商务、公务和旅游活动，深受客人的青睐。无论采用哪种方法，提供呼叫服务后，均应作呼叫记录。呼叫记录的内容应包括：日期/时间、客人姓名、房号、要求呼叫者姓名/电话号码、有无回电、话务员/呼叫员、备注。

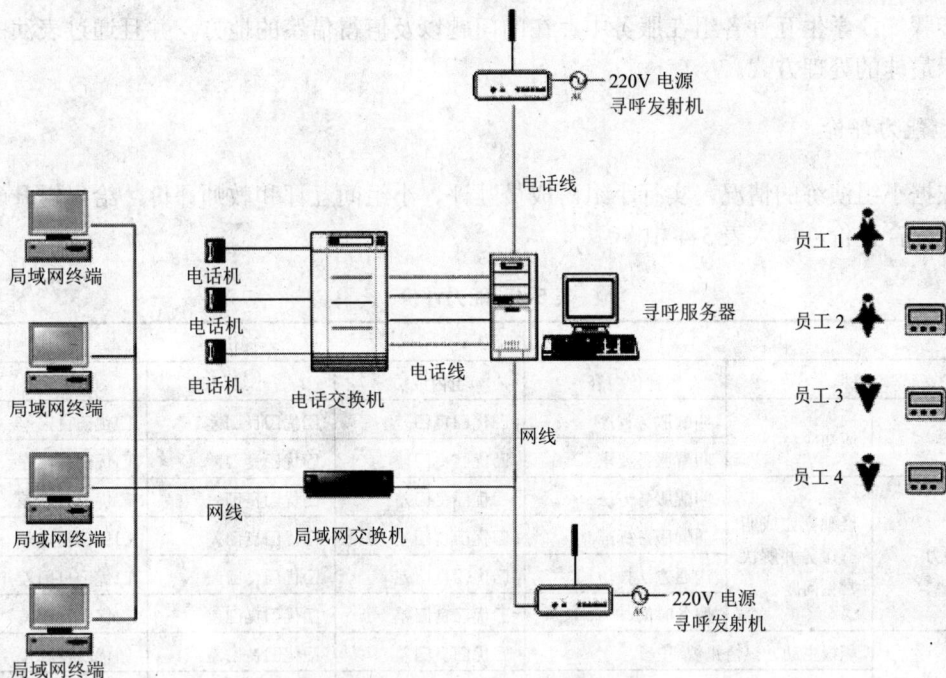

图 5-1 传呼系统

三、其他相关知识

由于饭店档次和客人需求的差异，使得饭店总机所提供的服务项目并不完全相同，有些饭店的电话总机还负责背景音乐、闭路电视和 VCD 的播放，接受进店电传，监视电梯运行及接受客房、宴会、会议室的预订、出租等各项工作。当饭店出现紧急情况时（如发生火灾、虫灾、水灾、伤亡事故、恶性刑事案件等），总机房便成为饭店管理人员迅速控制局势，采取有效措施的临时指挥协调中心。这时候的话务员应按指令执行任务，做到如下要求：

（1）保持冷静，不惊慌。

（2）立即向报告者问清事情发生的地点、时间，报告者的身份、姓名，迅速做好记录。

（3）即刻使用电话通报饭店有关领导和部门，并根据指令，迅速与市内相关部门紧急联系。随后，话务员应互相通报、传递所发生情况

（4）坚守岗位，继续接听电话。并安抚客人，稳定情绪。

（5）详细记录紧急情况发生时的电话处理细节，以备事后检查，并加以归类存档。

任务演练 ≫

1. 叫醒服务

步骤一：以小组模拟的形式，交互练习，展现为客人提供叫醒服务的过程。并在演练结束后，学生分组讨论可能出现的情况以及应对的方法。

步骤二：学生互评各组在服务中存在的问题以及值得借鉴的地方，并且通过表演的形式展示最佳的处理方式。

2. 能力评价

依据小组演练的情况，实行小组内成员互评、小组间互评和教师评价，给出提升建议并进行综合评价，填入表 5-4 中。

表 5-4 能力评价

内容			评价		
学习目标		评价内容	组内成员	小组间	教师
知识	应知应会	叫醒服务程序	□优□良□差	□优□良□差	□优□良□差
		叫醒服务要求	□优□良□差	□优□良□差	□优□良□差
专业能力	能独立完成叫醒服务并解决常见问题	叫醒服务方法	□优□良□差	□优□良□差	□优□良□差
		叫醒服务标准	□优□良□差	□优□良□差	□优□良□差
		沟通方法技巧	□优□良□差	□优□良□差	□优□良□差
		服务时间	□优□良□差	□优□良□差	□优□良□差
态度	积极主动、热情礼貌		□优□良□差	□优□良□差	□优□良□差
	有问必答、有求必应		□优□良□差	□优□良□差	□优□良□差
提升建议：			综合评价： □优 □良 □差		

技能训练 ≫

技能训练：交互进行人工叫醒服务和自动叫醒服务的情景演练。

训练方法：学生分成两人一组，根据所学知识按程序进行人工叫醒服务和自动叫醒服务情景演练，交互练习，教师点评。

训练要求：（1）服务时耐心细致、口齿清晰、态度热情。

（2）言语规范得体，体现专业素养。

（3）叫醒服务操作程序正确完整。

课 后 练 习

一、案例分析一

一句问候，一份关怀

一天清晨，某饭店 1816 房间的范先生被一阵电话铃声惊醒，拿起电话，话筒里传来了总机服务员甜美的声音:"范先生,早上好,昨晚下了一夜的雨,早上天气较凉,请您多穿点衣服,祝您旅途愉快!"听到总机服务员的特别关照,范先生十分感动,就说:"谢谢你的关心。"原来,昨天范先生要求饭店总机服务员提供叫醒服务,他一早要坐飞机回上海。范先生离店时,向大堂副理表示了对饭店服务的赞赏,并表示下次来时一定还住这里。

问题:结合案例,请分析话务员在服务过程中应该注意哪些问题?

二、案例分析二

黄金周的一天 19:40 左右,总机接到一位外地客人打来的电话,他是自己驾车携家人来本市游玩,而且已在饭店订了房,但天色已黑,不知该如何行车才能到达饭店。总机服务员自认为对本市是最熟悉不过的,于是问清楚客人所在的位置后,给他指了一条最便捷的行车路线。

20分钟后,这位客人打来第三个电话,说他们已经在东门环岛了。这不是离饭店很近了吗?就算是步行,最多也就 5 分钟的路程,于是总机服务员不假思索地告诉客人:"绕过环岛上来 100 米左右,在某个大饭店门口向左一拐就看见我们饭店了。"

"上来?上哪里来?我面前有三四条路哎,小姐!我又不是本地人,你咋弄不清呢?"电话那头突然的呵斥声让总机服务员愣住了。两秒钟后她才反应过来,其实在那个环岛里立有一块饭店的方向指示牌。因为不是太大,客人可能没有注意。于是总机服务员赶紧说了一声对不起后,提醒他注意立在环岛里面的指示牌。一经提示,客人马上就看到了指示牌,说了一句"知道了"就挂了电话。

问题:
(1)案例中,总机服务员接待客人的问路,并给予必要的指点时有不足之处吗?
(2)若换作你是总机服务员,你会如何应对?

项 目 总 结

电话总机是饭店的第一窗口,虽然话务员很少直接面客,但作为饭店内外联络的通信枢纽,话务员的服务起着至关重要的作用。通过本项目的学习,学生应能掌握电话总机服务中各项服务的专业知识及操作技巧,能够在今后的实际工作中为客人提供高质量的专业服务。

项目六

商务中心服务

为满足客人的需要，现代饭店尤其是商务型饭店通常都设有商务中心，为客人提供复印、传真、电报、文字处理、翻译、文件抄写核对、会议记录、代办邮件以及秘书工作等服务。

学习目标

➢ 了解商务中心的办公服务；
➢ 认识商务中心的会议室出租服务；
➢ 了解商务中心如何为客人提供秘书及翻译服务；
➢ 掌握商务中心的票务服务工作流程。

任务一 ▌ 办 公 服 务

任务目标 ≫

➢ 掌握商务中心复印服务程序；
➢ 掌握商务中心文字服务程序；
➢ 掌握商务中心传真接收服务程序；
➢ 掌握商务中心传真发送服务程序。

任务准备 ≫

➢ 场地准备：模拟商务中心；
➢ 用品准备：模拟电话、计算机、信笺、笔、相关表格等；
➢ 仪容仪表准备：与课人员身着职业装，女生化淡妆、盘发。

任务描述 ≫

模拟商务中心为客人提供复印服务、文字及传真服务。

任务分析 ≫

商务中心为客人提供复印服务、文字服务及传真服务，都是商务中心的常规工作，作为商务中心的服务员要完成好任务，必须要了解相关程序。

相关知识

商务中心（图 6-1）拥有的主要办公设备如下：复印机、传真机、电传机、多功能打字机、程控直拨电话机、计算机、录音机、装订机、碎纸机及其他办公用品。商务中心提供的办公服务一般包括复印服务、打印服务、传真接收、发送服务、长途电话服务等。

图 6-1 商务中心

1. 复印服务

（1）主动问候客人，介绍收费标准。

（2）接过客人的复印原件，根据客人要求，选择复印纸的纸张规格、复印张数以及复印的颜色深浅程度。

（3）将复印原件在复印平面上定好位置，检查送纸箱纸张，按动复印键。

（4）需放大或缩小的复印，先按比例调整尺寸，检查第一张复印效果，如无问题，则可连续复印。

（5）复印完毕，取原件交给客人，如原件为若干张，则应注意按顺序整理好。

（6）询问客人是否要装订文件，如需要则替客人装订。

（7）根据复印张数和规格，开具账单。账单通常一式三联，填写完后将第二、第三联撕下，第二联交总台收银处，第三联交客人。如客人不要，立即用碎纸机销毁。

（8）若客人要挂账，请客人出示房卡，并签字。

（9）若客人要开发票，将发票第二联交给客人，第三联需同账单的第二联一起交至总台收银处。

（10）将账单号码、房号、金额、付款方式分别填在"商务中心日复印、打字报表"上。

2. 计算机文字处理服务程序

（1）主动问候客人，按要求受理此项服务业务。

（2）接过客人的原稿，问明打字要求（字体、标点、格式等），核对原稿有无不清楚字符等。

（3）接通电源，开启计算机开始操作，录入、打印。

（4）打印完毕，对照原稿校对有无差错，并请客人亲自核对；询问有无改动，修改后再检查，以确保无误。

（5）若需进行文字处理，则取出饭店自备的几种计算机软盘，根据客人的需要选定用户软件。

（6）打印出处理过的文件，再请客人过目检查。

（7）若需存盘，应告知客人存盘的文件名称，同时问清保留时间并说明费用。

（8）按使用时间及打印数量计算费用，为客人开具收费单或挂账。

（9）按审批手续受理饭店内部打字事宜，并登记签名。

3. 传真接收服务

（1）认真阅读来件信息，与前厅问讯处确认收件人姓名及房号，并将接收"ok"报告单与来件存放在一起。

（2）填写"商务中心每日传真来件报表"。

（3）电话通知客人有传真来件。如客人在客房，应告诉客人将派行李员送到房间，然后开出账单交总台收银处；若客人不在房间，则进行留言服务。

（4）留言单右上角应注明客人离店日期、时间，以便能在客人离店前将传真送给客人。

（5）对于疑难来件，应及时请示大堂副理，妥善处理查无此人的来件，传真来件按饭店规定收费。

4. 传真发送服务

（1）主动问候客人，并问明要发往的地区。

（2）事先向客人说明收费标准，一般地，传真价格是 3 分钟起算，将每分钟价格告诉客人。

（3）输入客人提供的传真号码，确认无误后，按发送键。发送接通后，对方为通话状态，此时需拿起电话告知对方接通传真机。

（4）传真发出后，应将"ok"报告单连同原件一起交给客人。

（5）按饭店规定计算收取传真费用。

（6）填写"商务中心每日发送传真报表"。

任务演练 ≫

1. 为客人提供复印服务、文字服务和传真服务

按规定程序完成复印服务、文字处理服务和传真服务。

2. 能力评价

分组对任务进行完成演练，实行小组内成员互评、小组间互评和教师评价，给出提升建议并进行综合评价，填入表 6-1 中。

表 6-1 能力评价

内容		评价			
学习目标		评价内容	组内成员	小组间	教师
知识	应知应会	打印复印的服务程序	□优□良□差	□优□良□差	□优□良□差
		接收发送传真的服务程序	□优□良□差	□优□良□差	□优□良□差
专业能力	能独立完成打印复印和接收发送传真服务	商务中心文员工作的相关工作程序	□优□良□差	□优□良□差	□优□良□差
		服务标准	□优□良□差	□优□良□差	□优□良□差
		沟通方法技巧	□优□良□差	□优□良□差	□优□良□差
		服务时间	□优□良□差	□优□良□差	□优□良□差
态度	积极主动、热情礼貌		□优□良□差	□优□良□差	□优□良□差
	有问必答、有求必应		□优□良□差	□优□良□差	□优□良□差
提升建议：			综合评价： □优 □良 □差		

技能训练 ≫

技能训练：模拟客人要求服务员为其复印一份文件。

训练方法：情景模拟，角色扮演。一名学生扮演商务中心文员，另一名学生扮演客人。

要求：（1）服务语言准确、精练，举止礼貌。

（2）按复印服务程序来处理业务。

（3）表情亲切，体态优雅。

课 后 练 习

一、填空题

1. 商务中心拥有的主要办公设备如下：（　　　）、传真机、电传机、多功能打字机、

程控直拨电话机、计算机、录音机、装订机、碎纸机及其他办公用品。商务中心提供的办公服务一般包括（　　　）、（　　　）、传真接收、发送服务、长途电话服务等。

2. 复印完毕，取（　　　）交给客人，如原件为若干张，则应注意按顺序整理好。

二、简答题

1. 简述传真接收的处理程序。
2. 简述发送传真服务的程序。

任务二 ‖ 会议室出租服务

任务目标 ≫

➢ 掌握商务中心会议室出租服务程序及要求。

任务准备 ≫

➢ 场地准备：模拟商务中心及会议室；
➢ 用品准备：模拟电话、计算机、信笺、笔、相关表格等；
➢ 仪容仪表准备：与课人员身着职业装，女生化淡妆、盘发。

任务描述 ≫

模拟为客人提供会议室的租用服务。

任务分析 ≫

商务中心为客人提供会议室的租用服务，是商务中心经常会遇到的常规工作，作为工作人员，要了解商务中心会议室出租服务程序及相关手续，服务时应耐心、细致。

⚡ 相关知识

高星级饭店里，为了方便客人，一般都设有供客人临时使用的会议室，方便客人洽谈商务或部门开会使用。一般服务程序如下：

（1）准备齐全的商务检索资料，供客人检索。

（2）客人要租用会议室，应请客人填写一式三份的使用登记表（表6-2），请客人签名并写上房号，第一联先给总台再转回商务中心存档，第二联交收款处，第三联交客房中心或楼层服务台。

表 6-2　会议室使用登记表

使用部门		使用时间		使用地点	
会议名称				参加人数	
使用情况					

经办人签字：　　　　　　　　　　　　　　　　　　　　年　　月　　日

（3）在会议开始 1 小时前应检查会议室卫生，如不合格应立即通知客房中心或公共区域组清扫，以保证客人有干净、舒适的会议场所。

（4）按客人要求布置会议场所并提供会议中的服务（如备纸、笔、送茶水等）。

（5）会议结束后应立即通知客房中心打扫，为下一次出租做好准备。

（6）按饭店规定的收费标准向客人收取现金，或请客人签单，或以其他方式向客人收取费用。

任务演练 ≫

1. 为客人办理会议室的租用服务

扮演商务中心服务员，按规定程序办理会议室出租服务。

2. 能力评价

分组对任务进行完成演练，实行小组内成员互评、小组间互评和教师评价，给出提升建议并进行综合评价，填入表 6-3 中。

表 6-3　能力评价

内容		评价		
学习目标	评价内容	组内成员	小组间	教师
知识　应知应会	商务中心会议室出租服务程序	□优□良□差	□优□良□差	□优□良□差
专业能力　能独立完成会议室出租服务	商务中心会议室出租工作的相关工作程序	□优□良□差	□优□良□差	□优□良□差
	服务标准	□优□良□差	□优□良□差	□优□良□差
	沟通方法技巧	□优□良□差	□优□良□差	□优□良□差
	服务时间	□优□良□差	□优□良□差	□优□良□差
态度	积极主动、热情礼貌	□优□良□差	□优□良□差	□优□良□差
	有问必答、有求必应	□优□良□差	□优□良□差	□优□良□差
提升建议：		综合评价： □优 □良 □差		

技能训练：模拟为客人提供会议室出租服务。

训练方法：情景模拟，角色扮演。一名学生扮演商务中心人员，另一名学生扮演客人。

要求：（1）服务语言准确、精练，举止礼貌。

　　　（2）表情亲切，体态优雅。

课 后 练 习

一、填空题

1. 高星级饭店，为了方便客人，一般都设有供客人临时使用的（　　　　），方便客人洽谈商务或部门开会使用。

2. 客人要租用会议室，应请客人填写一式三份的（　　　　），请客人签名并写上房号，第一联先给总台再转回商务中心存档，第二联交收款处，第三联交客房中心或楼层服务台。

二、简答题

简述会议室出租服务程序。

任务三 | 提供翻译及秘书服务

任务目标 》

➤ 掌握商务中心为客人提供翻译及秘书服务的服务要求及程序。

任务准备 》

➤ 场地准备：模拟商务中心及会议室；

➤ 用品准备：模拟电话、计算机、信笺、笔、相关表格等；

➤ 仪容仪表准备：与课人员身着职业装，女生化淡妆、盘发。

任务描述 》

模拟场景：有饭店客人到饭店，要求商务中心为其提供翻译及秘书服务。

任务分析 》

商务中心为客人提供翻译及秘书服务是经常会遇到的工作，作为工作人员，要完成好任务，必须要了解翻译及秘书服务应注意的事项，然后按相关程序提供相应的服务。

相关知识

高星级饭店商务中心应该为客人提供或联系翻译服务，至少能提供英语口译服务，其服务程序如下：

1. 笔译服务程序

（1）客人走近柜台时，商务中心服务员主动向客人问好，并提出愿意帮助客人。

（2）客人提出翻译服务要求。

（3）服务员向客人了解翻译的页数、性质（文件、小说、科技资料等）及取稿时间。

（4）根据客人提供的资料及饭店政策确定收费标准，请饭店专职翻译进行翻译，服务员应预收全部或部分费用。

（5）如果饭店没有专职翻译，则根据饭店事先留下的兼职翻译档案库找出适当人选的电话号码，然后请客人与译者联系费用标准，或者饭店根据以前的收费情况确定一个合理价格告诉双方，必要时饭店可以提取一些手续费及代扣译者稿费的所得税。

（6）译者翻译好后送商务中心或由饭店派人去取稿件，然后由客人直接向译者付费，或者先支付给饭店，由饭店支付给译者。

（7）如果客人对译稿不满意，可请译者修改或与客人协商解决方法。

（8）如果客人要求签单，其手续同传真、复印、计算机文字处理情况。

（9）客人离开时，服务员要表示感谢，向客人道别，欢迎客人再度光临。

2. 口译服务程序

口译服务的受理与付费程序与笔译服务基本相同，只不过收费标准是每天或每小时若干元，而不像笔译那样按每千字若干元收费。

3. 秘书服务

有些商务中心客人除了需要翻译服务外，还希望商务中心为其提供秘书服务。具体服务程序如下：

（1）客人走近柜台，商务中心服务员向客人问好，并提出愿意帮助客人。

（2）客人提出秘书服务要求。

（3）服务员向客人问清秘书服务的时间及相关情况。

（4）完成客人交代的相关工作，如会议记录，文字处理等。

（5）根据饭店的收费标准向客人收取相关费用。

（6）如果客人要求签单，其手续同传真、复印、计算机文字处理情况。

（7）客人离开时，服务员要表示感谢，向客人道别，欢迎客人再度光临。

任务演练 >>

1. 提供翻译及秘书服务

商务中心服务员根据饭店相关管理规定完成客人提出的翻译及秘书服务。

2. 能力评价

分组对任务进行完成演练，实行小组内成员互评、小组间互评和教师评价，给出提升建议并进行综合评价，填入表 6-4 中。

表 6-4　能力评价

内容			评价		
学习目标		评价内容	组内成员	小组间	教师
知识	应知应会	商务中心秘书及翻译服务程序	□优□良□差	□优□良□差	□优□良□差
专业能力	能独立完成商务中心秘书及翻译服务	商务中心翻译工作的相关工作程序	□优□良□差	□优□良□差	□优□良□差
		服务标准	□优□良□差	□优□良□差	□优□良□差
		沟通方法技巧	□优□良□差	□优□良□差	□优□良□差
		服务时间	□优□良□差	□优□良□差	□优□良□差
态度	积极主动、热情礼貌		□优□良□差	□优□良□差	□优□良□差
	有问必答、有求必应		□优□良□差	□优□良□差	□优□良□差
提升建议：			综合评价： □优 □良 □差		

技能训练 >>

技能训练：客人要求服务员为其提供翻译服务。
训练方法：情景模拟，角色扮演。一名学生扮演商务中心人员，另一名学生扮演客人。
要求：（1）服务语言准确、精练，举止礼貌。
　　　（2）按相关服务程序来处理。
　　　（3）表情亲切，体态优雅。

课 后 练 习

一、填空题

1. 口译服务的受理与付费程序与（　　　）基本相同，只不过收费标准是每天或每小时若干元，而不像笔译那样按每千字若干元收费。

2. 如果饭店没有专职翻译，则根据饭店事先留下的（　　）档案库找出适当人选的电话号码，然后请客人与译者联系费用标准；或者根据以前的收费情况确定一个合理价格告诉双方，必要时饭店可以提取一些手续费及代扣译者稿费的所得税。

二、简答题

1. 商务中心如何为客人提供翻译服务？
2. 商务中心如何为客人提供秘书服务？

任务四　票 务 服 务

任务目标 ≫

➢ 掌握商务中心受理客人票务服务的服务要求及程序。

任务准备 ≫

➢ 场地准备：模拟商务中心；
➢ 用品准备：模拟电话、计算机、信笺、笔、相关表格等；
➢ 仪容仪表准备：与课人员身着职业装，女生化淡妆、盘发。

任务描述 ≫

模拟场景：有顾客到商务中心来，希望商务中心为其提供票务服务。

任务分析 ≫

商务中心作为对客服务部门，经常会遇到有客人要求为其提供票务服务的情况，服务员应了解票务服务相关程序，按照饭店票务服务相关规范为其提供服务。

⚡ 相关知识

大型饭店商务中心一般都可以为客人办理订票等相关服务。具体服务程序如下：

（1）主动问候客人。

（2）了解客人订票需求。礼貌询问客人的订票需求细节，包括航班、线路、日期、车次、座位选择及其他特殊要求等。

（3）查询票源情况。通过计算机进行快捷查询。如遇客人所期望的航班、车次已无票源时，应向客人致歉，并做委婉解释。同时应主动征询客人意见，问明是否需要延期或更改航班、车次等。

（4）办理订票手续。此时，票务员应注意下列服务细节：

① 双手持订票登记单上端和笔下端呈递给客人。

② 请客人填写登记单。若客人填写时有不清楚之处，应立即向客人解释并予以帮助。

③ 当客人递回已填写好的登记单时，应向客人致谢。

④ 迅速、仔细检查登记单上的全部项目，礼貌地请客人出示有效证件及相关证明，并注意与登记单内容进行核对。

⑤ 礼貌地交还客人所出示的所有证件，并向客人致谢。

（5）出票与确认。此时，以机票预订为例，票务员应注意下列细节：

① 礼貌地请客人支付所需费用，并仔细清点核收。

② 认真填写好机票并及时将订位信息输入计算机。

③ 仔细检查所填写的机票，并连同票据、零钞等装袋呈交客人。

④ 请客人自己再进行检查确认，并提醒客人飞机起飞时间、乘车地点、发车时间及其他注意事项等。

（6）向客人致谢，目送客人离去。

任务演练 >>

1. 提供订票服务

商务中心服务员应根据饭店相关管理规定完成客人提出的订票服务。

2. 能力评价

分组对任务进行完成演练，实行小组内成员互评、小组间互评和教师评价，给出提升建议并进行综合评价，填入表 6-5 中。

表 6-5　能力评价

内容			评价		
学习目标		评价内容	组内成员	小组间	教师
知识	应知应会	商务中心订票服务程序	□优□良□差	□优□良□差	□优□良□差
专业能力	能独立完成商务中心订票服务	商务中心订票的相关工作程序	□优□良□差	□优□良□差	□优□良□差
		服务标准	□优□良□差	□优□良□差	□优□良□差
		沟通方法技巧	□优□良□差	□优□良□差	□优□良□差
		服务时间	□优□良□差	□优□良□差	□优□良□差
态度	积极主动、热情礼貌		□优□良□差	□优□良□差	□优□良□差
	有问必答、有求必应		□优□良□差	□优□良□差	□优□良□差
提升建议：			综合评价： □优 □良 □差		

任务训练 ≫

技能训练：客人要求服务员为其提供订票服务。

训练方法：情景模拟，角色扮演。一名学生扮演商务中心人员，另一名学生扮演客人。

训练要求：（1）服务语言准确、精练，举止礼貌。

（2）按相关服务程序来处理。

（3）表情亲切，体态优雅。

课 后 练 习

一、填空题

1. 如遇客人所期望的航班、车次已无票源时，应向客人（　　），并做委婉解释。同时应主动征询客人（　　），问明是否需要延期或更改航班、车次等。

2. 当客人递回已填写好的登记单时，应向客人（　　）。

二、简答题

商务中心如何为客人提供订票服务？

项 目 总 结

通过本项目的学习，学生应重点了解商务中心的办公服务；认识商务中心的会议室出租服务；了解商务中心如何为客人提供秘书及翻译服务；掌握商务中心的票务服务工作流程。

项目七

商务楼层服务

随着公务旅游的频繁，商务楼层在现代饭店中的数量、规模日益增大，其地位日渐凸显。

商务楼层服务是饭店服务的一个分支，它既隶属于饭店又相对独立于饭店，具有自己的系统性和独立性，其理论与运作体系的形成对现在饭店服务管理体系与实践运作体系的完善有着重要的作用和意义。

📖 学习目标

➢ 认识商务楼层；
➢ 掌握商务楼层的特征；
➢ 掌握商务楼层服务的内容；
➢ 学会商务楼层服务的程序。

任务一 认识商务楼层

任务目标 ≫

➢ 了解什么是商务楼层；
➢ 了解商务楼层的特征。

任务准备 ≫

➢ 设备准备：多媒体实训室（有联网计算机）；
➢ 物品准备：白纸、铅笔、直尺、橡皮擦。

任务描述 ≫

设计一份商务楼层分布图，并解说设计原因。通过该任务的学习，能够领会商务楼层的布局要求和功能特点。

任务分析 »

要完成本任务，首先要了解商务楼层与饭店普通楼层相比服务对象有何不同，其次要了解商务楼层的功能特点及布局要求，然后进行设计构图，最后解述设计意图。

相关知识

一、商务楼层的布局

在大型高级饭店中，常有利用客房楼层某层的全部或一部分集中设置面向高消费客人的豪华客房群，这类客房的家具、日用品都比较高档，室内装饰也极其豪华。住房客人一般是级别高的商务官员、金融大亨、商业巨子或其他社会名流。这种特定的楼层叫商务楼层。

商务楼层一般处于饭店大厦的最上面两层，房间多数为 70～100 间，设有专门的大厅，又叫"超级沙龙"。入口处设有接待吧台（图 7-1），有专职服务人员负责登记开房、结账退房、信息咨询、侍从陪护等服务业务。另外，这里还提供客人出租办公设备，为客人收发传真、电传，为客人复制影印资料文件等。除上述服务外，还要负责检查房间、清扫、提供早餐、下午茶、鸡尾酒服务等。图 7-2 所示为商务楼层休闲吧。

商务楼层被誉为"店中之店"。它集饭店的前厅登记、结账、餐饮、商务中心于一身，为客人提供更为温馨的环境，让客人享受更加优质的服务。商务楼层隶属于前厅部。

商务楼层作为一种特定的楼层，在世界各地兴起和迅速发展。

图 7-1　商务楼层接待吧台

图 7-2　商务楼层休闲吧

二、商务楼层的特征

由于出入商务楼层客人的特殊性，商务楼层有别于一般饭店其他楼层，其特征体现在如下方面。

1. 公务要求与豪华性

大部分公务旅游者不是自己选择旅游地，而是因为工作需要或由他人决定的。公务旅游者不是自己花钱，而是由公司花钱，因而相比较而言消费出手大方。因此，商务楼层的客房样式、大小与普通客房无异，但提供的日用品及室内装潢较为高级。商务楼层除了豪华外，还需要与电子技术和计算机设备紧密联系起来，要提供商务服务和通信服务，楼层上的商务中心服务功能要全，环境要好，服务时间要长。

2. 需求特征与多功能性

入住商务楼层的客人可能有各种会议，如研讨论坛、讲座、培训、会谈等，因此商务楼层应设置相应的大小不同的会议场所及配备相应的设施设备，如：要求会场有各种信源接口，具有同声翻译系统、电子投票系统、多媒体咨询系统、录像播放系统和电子系统。一些客人对语音信箱、信息网络、试听设备、电话答录设备以及复印、传真、打印等设备都有较高要求。

3. 工作特性与服务的多样性

入住商务楼层的客人除希望得到一般宾客"家外之家"的享受外，更希望得到"公司外公司"的服务；即为这些公务客人提供从事公务活动所需要的服务。如管理服务、经纪服务、信息服务、文秘服务、交通服务等。商务客人的结构呈多层次，客人的需求呈多样化。商务楼层需要知道住店公务客人是哪些人、在什么时候、什么场合、喜欢什么档次的餐饮。商务楼层可根据这类客人的需求设置免费的早餐、下午茶、晚餐，加大力度提高客房送餐服务项目及内容。图 7-3 所示为商务楼层办公区。

4. 娱乐特征与休闲性

公务客人对休闲时间的利用兴趣广泛，有的干脆是冲着饭店的设施或活动而来的。因此，要关心饭店商务楼层客人的"八小时以外"，让他们愉快充实地度过休闲时光。如在楼层上设置各种娱乐设施，如棋类、牌类、影音设备等。由于客人需求大相径庭，一些饭店设有专门的调研人员，并组织相关活动，多数商务楼层在夜间均设置各类娱乐活动，如："欢乐时光"，客人可在此免费喝各种酒水饮料（如图 7-4），结交朋友，看书，看电视、看电影等。有些饭店甚至将娱乐设施放置客房内，令客人不用出房就可以享受到其所需的各项娱乐活动。

图 7-3　商务楼层办公区

图 7-4　商务楼层贵宾酒廊

5. 商务特征与安全性

入住商务楼层的客人尤其是商务客人都希望客房安装电子门锁，甚至希望电话、传真加装保密装置，以防止泄露商业机密。高档的公务客人对商务楼层酒廊等公共区域或会议室也会提出安全和保密的要求。因此，商务楼层应尽量选择能单独分隔开来的楼层，或采用先进科技方法来达到对楼层的保密。

任务演练 ≫

1. 设计商务楼层分布图

以小组为单位，上网查阅星级饭店商务楼层相关图片及文字资料，小组讨论其优缺点，再设计一份商务楼层分布图，并请一名代表做设计意图阐述。如表 7-1 所示。

表 7-1 任务实施表

序号	步骤	操作及说明	要求
1	获取信息	通过网络获取星级饭店商务楼层的相关图片和文字资料	(1) 思路清晰，行动迅速； (2) 信息资源搜集丰富
2	讨论分析	对比、分析、讨论找到的星级饭店商务楼层布局优缺点	(1) 讨论充分； (2) 思路开阔
3	确定方案	通过分析，确定本组商务楼层设计方案	方案可行
4	图形绘制	通过计算机或手工画出最优的商务楼层设计图	(1) 图案清晰； (2) 结构合理
5	意图阐述	选定一名代表根据设计图阐述整个图形设计的意图	(1) 语言清晰富有逻辑； (2) 细节设计解说清楚

2. 能力评价

采取组内互评、小组互评、教师评价的方式，对任务实施进行评价，给出提升建议并进行综合评价，填入表 7-2。

表 7-2 评价能力

评价内容	组内自评	小组互评	教师评价	总体评价
思路清晰，行动迅速，信息获取广泛	□优□良□差	□优□良□差	□优□良□差	
讨论充分，思路开阔	□优□良□差	□优□良□差	□优□良□差	
团队协作性强，方案集思广益，可行性强	□优□良□差	□优□良□差	□优□良□差	□优□良□差
图形绘制清晰，布局合理	□优□良□差	□优□良□差	□优□良□差	
意图阐述清晰，细节设计解说清楚	□优□良□差	□优□良□差	□优□良□差	
提升建议：		综合评价： □优 □良 □差		

课 后 练 习

一、填空题

1. 商务楼层被誉为（　　），它集饭店的前厅登记、结账、餐饮、商务中心于一身。
2. 商务楼层隶属于（　　）。
3. 商务楼层一般处于饭店大厦的最上面两层。房间多数为 70～100 间，设有专门的大厅，又叫（　　）。

二、选择题

1. 商务楼层可以为客人提供（　　）服务。
   A. 办理入住　　　　　B. 会议　　　　　C. 美容美发　　　D. 休闲保健
2. 以下（　　）属于商务楼层特点。
   A. 公务要求与豪华性　　　　　　　　B. 需求特征与多功能性
   C. 工作特性与服务的多样性　　　　　D. 娱乐特征与休闲性

三、简答题

1. 饭店商务楼层布局设计应注意哪些问题？
2. 饭店商务楼层的特征主要有哪些？

任务二　商务楼层服务

任务目标 ≫

➢ 了解商务楼层服务的内容；
➢ 了解商务楼层服务的要求；
➢ 掌握商务楼层服务的基本流程。

任务准备 ≫

➢ 场地准备：模拟商务楼层；
➢ 用品准备：模拟电话、计算机、信笺、笔等；
➢ 仪容仪表准备：与课人员身着职业装，女生化淡妆、盘发。

任务描述 ≫

按照规范完成商务楼层接待服务。

任务分析 》

模拟商务楼层服务的工作情境，使学生了解商务楼层的服务内容和要求，熟练掌握商务楼层对客服务流程，并体会商务楼层服务对服务员自身服务技能和综合素质的高要求。

相关知识

一、商务楼层服务的内容

商务楼层的服务是饭店为商务楼层的客人所提供的服务活动的总和，它以商务楼层客人为具体的服务指向，以商务楼层的客人需求为服务目标。包括：

（1）S（smile），微笑。以微笑待客是酒店服务的根本。

（2）E（excellent），出色。服务员要将每一项细微的服务 工作都做到很出色。

（3）R（ready），准备好。服务员要随时准备好为客人提供服务。

（4）V（viewing），看待。服务员要把每一个客人看成是需要给予特殊照顾的贵宾。

（5）I（inviting），邀请，每一位服务在每一次服务结束时，都要邀请客人再次光临。

（6）C（creation），创造。每一位服务员要精心创造出使客人能享受其热情服务的气氛。

（7）E（eye），眼光。每一位服务员始终要用热情好客的眼光关注客人，预测客人的需求，并及时提供服务，使客人时刻感受到服务员在关心自己。

二、商务楼层服务的要求

（1）饭店的地理位置适合，处于市中心或离业务地点较近。

（2）饭店交通便捷。签进签出手续简便、通信邮件服务高效、预订方便。

（3）饭店安全性高。保障其财务安全，能保密。

（4）客人能单独办理入住登记手续和离店结账手续。

（5）提供客人从事公务活动所需的服务。

（6）设有专门的早餐和酒吧。

（7）提供客人洽谈公务的场所和齐全的娱乐健身设施。

（8）房间内有相应的办公设施，快捷方便的通信手段。

（9）在商务服务、催醒服务、邮件快递服务和洗熨衣服服务方面具有更高的服务标准。

三、商务楼层日常服务流程

（1）07:00，商务楼层接待员（GSA）到前厅签到并到信箱取有关邮件，与夜班交接班。

（2）07:00 至 07:30，打出房间状况报表（包括当日到店客人名单、在店客人名单）。在客人名单上将当日预计离店客人用彩笔标出，以便对当日离店客人做好相应服务。商务楼层当班人员按职责分工完成以下工作：

① A组负责接待、收银、商务中心等工作。

② B组负责早餐、送鲜花、水果工作。

（3）准备鲜花、水果。检查前一天夜班准备的总经理欢迎卡、商务楼层欢迎卡，根据当日到店客人名单逐一核对。鲜花、水果及两个欢迎卡要在客人到店之前送入预分好的房间内（此项工作要由专人负责）。

（4）早餐服务从 07:00～10:00，早餐后开当日例会，由主管传达饭店信息及饭店近期重要活动。

（5）为到店客人办理入住手续及呈送欢迎茶、为离店客人办理结账并与客人道别。

① 客人入住程序。当客人到达饭店大门口时，由前厅部行李员帮助客人照顾行李，并将"到店客人行李卡"一联留行李处，一联交与客人。没有准确到店时间的客人将由大堂副理或销售经理陪同上至商务楼层办理入住手续。有准确到店时间的客人将由商务楼导主管（GSO）亲自迎接到商务楼层办理入住手续。办理入住手续之后，GSO 陪同客人进入房间，同时通知前厅行李员"到店客人行李卡"号码及房间号，以便及时送行李。GSO 要向客人介绍商务楼层的服务项目及房间设施的使用，向客人讲明酒廊服务电话号码。在客人入住登记时，为客人提供欢迎茶。

② 客人离店程序。在客人用早餐时，B 组服务应根据预计离店客人的清单确认客人具体离店时间，以便通知 A 组服务员准备账单，同时为客人安排行李或代订出租车服务。询问客人是否需要在酒廊的接待处结账，还是需要将账单送到房间。注意收回客人的钥匙卡和检查客房酒吧并欢迎客人再光临。

（6）检查客人是否需要熨衣、商务秘书、确认机票等服务，随时为客人提供主动的帮助，并告知哪些服务是免费的。A 组、B 组员工要根据当时的情况互相帮助，相互配合。

（7）10:00-15:00，GSO 查房并将鲜花、水果、欢迎卡送入每个预计到店的客人房间。

（8）中班于 13:30 报到，打报表（内容同早班）检查房间卫生及维修工作。15:30 与早班交接班，B 组服务员负责服务下午茶和鸡尾酒。中班还要做第二天的准备工作，如打印第二天的欢迎卡，申领水果和酒水等。

（9）夜班时，前厅、客房将代理商务楼层服务工作。

四、商务楼层具体服务程序

1. 客人入住服务程序

（1）当客人走出电梯后，GSO 微笑地迎接客人，自我介绍，陪同客人上楼的大堂副理将回到本岗。

（2）在商务楼层接待吧台之前请客人坐下。

（3）替客人填写登记卡，请客人签名认可，注意检查客人护照、付款方式、离店日期与时间、机票确认、收"到店客人行李卡"。

（4）在客人办理入住登记过程中送欢迎茶，要求整个过程不超过 5 分钟。

（5）在送客人去房间之前应介绍商务楼层设施与服务，包括早餐时间、下午茶时间、鸡尾酒时间、图书报刊赠阅、会议服务、免费熨衣服务、委托代办服务、擦鞋服务等。

（6）在客人左前一步引领客人进房间，与客人交谈，看是否能给客人更多的帮助。

（7）示范如何使用钥匙卡，连同欢迎卡一同给客人，介绍衣帽间设施，并预祝客人居住愉快。

（8）通知前厅行李员根据行李卡号和房间号在 10 分钟之内将行李送到客人房间。

（9）在早餐、下午茶、鸡尾酒服务时间，接待员应主动邀请新入住的客人参加。

2. 欢迎茶服务程序

（1）在客人登记入住时，商务楼层服务员为客人送欢迎茶。

（2）准备工作：中式茶壶。

（3）称呼客人姓名，介绍自己。

3. 早餐服务程序

（1）在服务开始前 10 分钟做好全部准备工作：

① 07:10 之前自助餐台应摆放，食品从厨房送至商务楼层酒廊。

② 检查餐桌是否按标准摆放。

③ 更换报纸杂志。

④ 在每张餐桌上放上服务员的名片。

⑤ 检查工作间和酒廊卫生、检查各类物品数量是否齐全。

（2）称呼客人姓名并礼貌地打招呼。

（3）依据住店客人名单确认用餐客人姓名。

（4）在住店客人名单上重点注明当日离店客人，获得如下信息以提供相应服务：

① 确认客人具体离店时间；

② 通知收银准备账单；

③ 代订出租车；

④ 行李服务；

⑤ 对需要的客人办理延住。

（5）引台并为客人拉座椅。

（6）将口布打开递给客人。

（7）礼貌询问客人是用茶还是咖啡。

（8）介绍提供的食品并请客人随意使用。

（9）用过的餐具应在 1 分钟之内撤换。

（10）自助餐台应保持整齐，有吸引力。

（11）客人离开时应称呼客人姓名并祝愉快。

（12）统计早餐用餐人数并做好收尾工作。

4. 鲜花、水果、服务程序

（1）根据确认的预计到店客人名单准备总经理欢迎卡、商务楼层欢迎卡。

（2）当日离店房不再补充鲜花、水果，将需要补充的房间在住店客人名单上做标记。

（3）将鲜花、水果、刀叉和餐巾备好并装上手推车。

（4）标准摆放图，如图 7-5 所示。

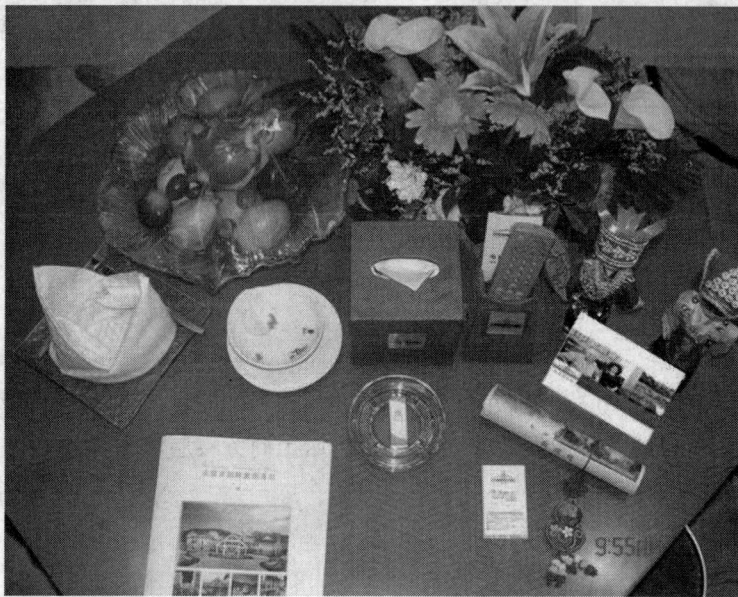

图 7-5　商务楼层客房标准摆放图

（5）补充鲜花、水果时要将不新鲜的水果全部撤出，用过的刀叉全部撤换。

（6）住客房每三天换一次。

（7）做好鲜花、水果领发记录，根据次日预计到店名单填写申请单。

5. 下午茶服务程序

（1）15:50 之前准备好下午茶台：四种茶、四种软饮、四种小点心。

（2）微笑地向客人打招呼。

（3）引台并为客人拉座，礼貌地询问客人房号。

（4）请客人随意。

（5）当客人杯中还剩 1/3 茶或饮料时，主动询问并及时倒满。

（6）用过的杯、盘马上撤走。

（7）在 17:00 结束前 5 分钟应通知客人。

（8）客人离开应向其表示感谢并道别。

（9）填写记录表，如果客人超过了免费时间，应记账到客人账户上。

（10）欢迎客人带朋友来，账单由客人签字，交收银处记到客人账户。

6. 鸡尾酒服务

（1）18:20，做好全部准备工作，桌上放服务生名片。

（2）微笑礼貌地与客人打招呼。

（3）引台为客人拉座。

（4）在 18:30～19:30，商务楼层客人酒水全部免费提供。

（5）记清每台所免的酒水名称数量。

（6）21:30，提供最后一道免费酒水。

（7）客人离开时应向其表示感谢并道别。

（8）欢迎客人带朋友来，账单由收银台记入客人账目。

（9）核查第二天早 07:30 前离店的客人，为客人提供咖啡厅的早餐卡。

（10）填写有关记录，下班前统计酒水，在盘点表上做记录并根据标准库存填申领单。

7. 结账程序

（1）客人可在商务楼服务台或房间内结账。

（2）在前一天确认客人结账时间和日期。

（3）询问客人有关结账事宜（何时何地结账、付款方式、行李数量、是否代订交通工具）及时检查酒水。

（4）给客人一个信封卡，装有客人的明细账单，同时还可做为将来的预订卡。

（5）通知行李员来取行李，代订出租车。

（6）请客人在账单上签字，第一联交客人。

（7）问明客人结账方式，如客人付外币现金，请客人到前厅外币兑换处办理人民币兑换。如刷卡则使用刷卡机、要注意是否超限额，印迹须清晰，并请客人签字，其中一联交客人。

（8）应给客人的资料：总账单原件、信用卡第一联、账单明细。

（9）如果客人准备再次光临，则需替他做好预订。

（10）与客人道别。

五、商务楼层服务的质量

1. 两个衡量标准

（1）满足商务楼层住客所需要的一套不同于其他楼层的、高要求的服务规程作为衡量标准。

（2）商务楼层的"回头客"比率。

2. 五个衡量专项

与两个衡量标准不同的是，五个衡量专项是从楼面内部管理角度出发的质量衡量软性指标，它包括：设施与服务的可靠性、可感知性、保证性和服务人员的反应性、移情性。可靠性是指为客人提供可靠、安全的服务。简单精确保存准确记录；按指定时间提供服务。可感知性是指服务的有形保证。包括有形设备，员工外形；提供服务的工具。保证性是指员工的知识和传达信赖和信心的能力。使客人产生安全感和信任感。反应性是指员工愿意或乐意提供服务的程度。提供即时服务，快速回复客人要求。移情性是指对客人的关照和个性化的关注。了解客人的具体需求；为客人着想。

六、提高商务楼层服务质量的有效性

1. 做到服务设计合理化

能够给客人带来方便的、有效的服务，应该是商务楼层追求的目标，也应该是饭店服务设计的目标。合理的商务楼层服务设计要体现对客人的方便、有效，实现以人为本。在服务设计中，应注重客人住店的感受和心理需求，充分发挥客史档案的作用。客人入住一次商务楼层后，第二次入住就应不需要重复登记；公司结账的客人，第一次结账后，就不应再询问客人的结账方式；叫车的客人，第二次就不需要客人提出，而为客人备好车……

2. 做到服务目标明确化

从客人的需求角度出发，服务目标明确化包括两个方面：首先是服务的操作程序及技能，服务的技术性要求，体现的是服务产品的功能性，是做好服务的基础。商务楼层的入住接待、分房，客房的清扫，餐厅的托盘、斟酒、口布折花、摆台、桌边服务，酒吧服务等，只有做到程序熟悉、技术娴熟，才能做到规范、高效，不出差错。其次是服务的态度，这是服务的意识和思想要求，体现的是服务的感情化，是服务的灵魂，决定了对客人服务的档次和境界。

3. 做到服务设施实用化

服务设施是服务的依托，是服务的基本保证。服务设施的选择应本着方便、实用的原则，重视客人使用的感受，体现服务设施的个性化。

目前，全球已出现老龄化趋势，针对这一趋势，许多商务楼层推出了适合老年人使用的客房，客房的桌子、椅子、床、茶几等的转角都设计成圆角，色泽清新典雅；各种织制品舒适，柔软；洗手间，过道都设有栏杆，洗手间铺好防滑垫。除此之外，还有专为方便幼儿、儿童和残疾人等考虑设计的设施、设备，一应俱全。

知识链接

女子商务楼层出现

近年来随着妇女就业比例的日益提高，专门针对女性的女子商务楼逐渐引起人们的重视，不少饭店设立了女性行政楼层，很受女性商务客人的欢迎。如澳大利亚悉尼BOND STREET 公寓饭店，为女性旅游者设置的特色两层楼，房间里的用品包括浴袍、拖鞋、各类杂志及女性用品和礼物。针对商务的性质，公寓对客人提供全套饭店式服务，直播电话、留言系统、个人传真、互联网、电视、音响及付费闭路电视等设施一应俱全。

任务演练 »

1. 完成任务

模拟"王经理作为某公司高管到武汉参加会议，并入住五星级饭店商务楼层，请为其提供商务楼层服务"场景，全班分组，每个小组约 6 人左右，分工合作。一名同学扮演王经理，其余同学按照客人需求分别模拟入住登记服务、欢迎茶服务、水果鲜花服务、下午茶或鸡尾酒会服务、结账服务。

2. 能力评价

依据小组演练的情况，实行小组内成员互评、小组间互评和教师评价，给出提升建议并进行综合评价，填入表 7-3 中。

表 7-3 能力评价

内容			评价		
学习目标		评价内容	组内成员	小组间	教师
知识	应知应会	服务语言正确	□优□良□差	□优□良□差	□优□良□差
		服务流程合理	□优□良□差	□优□良□差	□优□良□差
专业能力	熟练掌握	服务周到得体	□优□良□差	□优□良□差	□优□良□差
		服务流程	□优□良□差	□优□良□差	□优□良□差
		沟通方法技巧	□优□良□差	□优□良□差	□优□良□差
		服务时间	□优□良□差	□优□良□差	□优□良□差
态度	积极主动、热情礼貌		□优□良□差	□优□良□差	□优□良□差
	有问必答、有求必应		□优□良□差	□优□良□差	□优□良□差
提升建议：			综合评价： □优 □良 □差		

技能训练 »

技能训练：同学们两人一组，分别模拟扮演接待顾客流程
训练方法：学生分组扮演，教师点评。
训练要求：（1）工作流程完整。
　　　　　（2）接待用语规范，动作标准，对客服务处理灵活。
　　　　　（3）服务礼貌。

训练一：商务楼层入住服务对话练习

服务员（以下简称服）：您好，先生，欢迎光临商务楼层，请问有什么帮到您吗？

客人（以下简称客）：我需要住房。

服：请问先生有预订吗？

客：有，王劲先生预订的房间。

服：好的，请坐（示意客人入座，上茶水），请稍等，马上为您查询。您好，是上海的王劲先生预订的一个商务套房是吗？

客：是的。

服：方便用一下您的证件为您登记房间吗？

客：好的，给。

服：谢谢您，王先生。您的房间是可以观海的商务套房，房间价格是980元每晚，需要预付押金2000元，请问您是付现金还是刷卡呢？

客：刷卡。

（给信用卡）

服：（将卡放入pos机读卡槽）请您输入密码。

客：（输密码）

服：请您在这边签一下字好吗？

（客人签字）

服：请收好您的卡。（双手送上）

（填写单据，制作房卡和房卡套）

王先生，这个是您的身份证、房卡和早餐券、押金单，早餐厅在本楼层东侧，开餐时间为早7:00～9:30。请您收好，退房时请带好您的押金单办理手续。（双手送上）

客：好的。

服：本楼层还有贵宾酒廊和商务办公室，您可根据需要前往休闲或办公。祝您在饭店期间居住愉快！

客：谢谢！

训练二：商务楼层服务之微笑训练

（一）微笑的技巧

（1）微笑的"五到"：眼到、口到、心到、神到、情到。

（2）微笑的三结合：与眼睛的结合；与语言的结合；与身体的结合。

（3）恰到好处的微笑的标准：表现谦恭，表现友好，表现真诚，表现适时，切忌表达过度。

（二）训练方式

（1）试着对镜子说"E——"；轻轻浅笑减弱"E——"的程度；重复练习前两个动作。

（2）两人一组，结合商务楼层的服务情境，模拟微笑服务。

课 后 练 习

一、判断题

1. 商务楼层要求饭店的地理位最好位于市中心或离业务地点较近。（　　）

2. 商务楼层不能单独办理入住登记手续和离店结账手续。（　　）

3. 商务楼层提供鲜花水果服务时，需要根据确认的预计到店客人名单准备总经理欢迎卡、商务楼层欢迎卡。（　　）

4. 商务楼层对商务服务、催醒、邮件快递、洗熨衣服服务等没有严格要求。（　　）

二、选择题

1. 以下（　　）属于商务楼层服务。

 A. 鲜花服务　　　B. 会议服务　　　C. 鸡尾酒会服务　　　D. 西餐服务

2. 提高商务楼层服务质量的有效性，应做到（　　）。

 A. 服务设计合理化　　　　　　B. 服务目标明确化

 C. 服务设施实用化　　　　　　D. 服务技能优质化

三、简答题

1. 简述商务楼层服务的内容。

2. 简述商务楼层服务的基本要求。

3. 简述商务楼层服务的职责。

项 目 总 结

  本项目介绍了商务楼层的布局和特征，商务楼层服务的内容和服务的程序。商务楼层服务有其自身的特性，这就要求在学习中多思考、勤练习，不断提高自身的服务技能和综合应变能力，做到融会贯通、学以致用。

项目八

前厅部现代化技术的应用

　　计算机技术在饭店管理中现已运用广泛，其在饭店经营过程、组织机构管理等过程中的作用和地位日益突出。除了前、后台运营的计算机联网管理外，饭店的现代化管理还包括了与此相关的现代技术的应用，如触摸屏、电子门锁、语音信箱、小酒吧计算机控制系统等。这些系统的广泛应用大大地降低了饭店的经营成本，提高了服务效率，为客人提供了更安全、更舒适的住宿环境，大大提升了饭店整体的市场竞争力。

学习目标

➤ 掌握前厅计算机管理系统的主要功能；
➤ 了解电子门锁的特点和智能卡的使用；
➤ 了解多媒体的特点及在饭店中的主要用途；
➤ 了解触摸屏在饭店中的应用；
➤ 了解电子通信与控制技术的应用；
➤ 了解视频点播系统的应用；
➤ 了解语音信箱在饭店中的应用；
➤ 了解迷你吧计算机控制系统的应用。

任务一　　计算机系统在前厅部管理中的应用

任务目标 ≫

➤ 了解前厅计算机管理系统的特点；
➤ 掌握前厅计算机管理系统的主要功能。

任务准备 ≫

➤ 安装饭店前厅管理系统软件；
➤ 教学场地准备：学校计算机教室。

任务描述 》》

创建网络化模拟软件及网络真实环境进行实训，了解计算机管理系统的各项功能以及使用特点。

任务分析 》》

结合前厅管理与服务课程教学内容，利用网络模拟化软件设计教学内容，并通过适当地设置问题，以及提供传统教学无法实现的、大量的、与问题相关的信息资源，供在使用软件的过程中查阅、鉴别与选择，达到练习的效果，从而掌握软件的使用。

相关知识

一、前厅计算机管理系统的特点

如图 8-1 所示，计算机管理系统在饭店前厅管理中所体现的特点主要有以下几个方面：

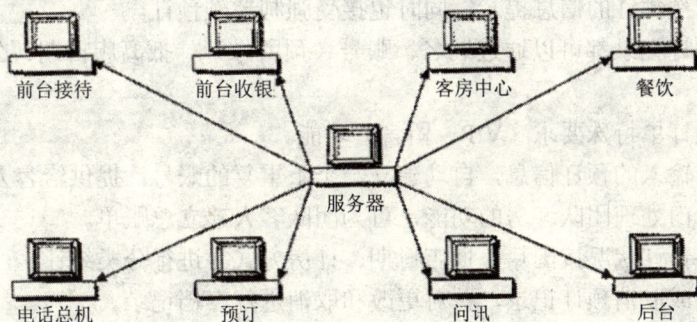

图 8-1　前厅计算机管理系统

1. 实时性

实时性是指设于前厅的计算机终端通过网络与其他部门的终端之间实现了即时信息传递，实现了信息资源的共享。计算机管理系统这一特点在前厅部的客史档案查询、排房等业务中得到了极致的发挥。相比较过去的客房状况显示架具有无可比拟的优势。

2. 互动性

系统管理中的各个部门并非是孤立的，而是一个联动的整体。如房态控制这一模块的采用，使接待处可以根据自己部门的接待情况调整房态，而不仅仅局限于查询。同样，客房服务中心根据服务员清扫状况和手工查房反馈的信息可以及时修正房态。系统良好的互动性极大地提高了前厅接待工作的便利性。

3. 综合性

前厅的职能比较复杂，针对这一特点，系统为个业务流程分别设置了一个模块，使得个部门业务都在系统中运营，从而形成一个高度整合的整体。

二、前厅计算机管理的主要功能

饭店计算机管理系统是软件公司根据饭店的实际情况和要求量身定做的。其功能非常强大，可以覆盖到饭店管理的各个环节，包括客房预订、销售、前台管理、财务管理等。其中最基本的模块是前台管理模块。这一模块对客人的预订、登记、排房、入账、客史档案、结账等过程中所产生的所有信息进行自动传递和处理，使饭店相关部门随时掌握房间的使用状况及管理所需的各种信息。

1. 客房预订

利用计算机进行预订业务操作，接受和处理客人的订房信息，对客房预订状况实施有效控制。通常体现在以下具体内容：

（1）受理在系统设定期内任意一天的预订。

（2）利用房号提前为客人排房。

（3）设有超额预订的信息提示，同时也接受强制超额预订。

（4）每项预订记录都可以通过姓名、账号（预留号）、抵离店日期、公司名称等方式查询。

（5）设置预订单特殊要求（VIP、留言）功能。

（6）接受新输入的预订信息，自动建立一个不重复的账号，提供给客人作为预订号。

（7）设有专门处理团队订房的功能，可为团队客人建立总账单。

（8）自动将预订状况按国籍、抵店日期、订房方式等进行分类统计。

（9）可更改或取消预订记录，并对更改和取消进行存档记录。

（10）设有客房协议价格提示。

（11）对预订记录进行修改、取消并做好存档记录。

（12）调用客史档案生成预订。

2. 总台接待

总台接待员利用计算机信息系统中的总台接待功能模块为客人办理入住登记手续，可以尽量缩短客人滞留总台的时间，为客人提供快捷、高效的服务。其主要内容包括：

（1）在预订客人抵店前，录入入住登记资料，打印登记单，并提前排房。

（2）预订客人抵店时，可按预订号、姓名、国籍、公司名称等查询相关资料，进行接待。

（3）利用计算机系统为客人办理入住登记手续，包括客人详细资料、住宿时间、房号，输入或更改房价，自动为客人建立账单。

（4）在接待无预订客人时，系统可提供现时空房表。

（5）设有可调用的即时显示的客史档案，以简化接待无预订回头客的手续；同时自动为初次抵店的客人建立客史档案。

（6）依据预订单、客史资料生成入住登记表。

（7）随时在系统中修改和保留入住客人换房、更改房费、变更住宿时间和付款方式等要求，并对每次变更保留记录。

（8）设有专门的团队客人入住登记功能，根据团队付费方式，将团队结账按公司、自付分类处理。

（9）离店客人重新入住功能。

（10）随时显示客房状况，包括出租率、房态、可售房、住店人数、当日预抵离房数等。

（11）对于当日预期离店而尚未离店的客房，设有专门提示，并可自动在设立的离店时间将这些房号打印出来。

（12）按客人姓名，系统可自动调出回头客信息及其历次住店统计信息，以确定房价优惠政策。

3. 问询

该模块主要通过姓氏、日期、客人占用情况、客人账单、公司名称、团队查询等内容来提供相关信息，准确高效地帮助问询员从计算机中查询出每位住店客人或已预订客人的资料。

（1）按各种条件查询、打印先住及离店的散客或团队客人信息。

（2）按各种条件查询、打印房态信息、可用房信息（房数、房号及类别、指定日期内某类房住房率）。

（3）可按多种条件查询，包括房号、姓名、旅行社、团名、地区等。

（4）可查本日抵店客人、明日应到客人、今日应离客人、明日应离店客人等信息。

（5）可查 VIP 客人、历史客人信息。

（6）客房占用情况查询。

（7）按客源、按房间类型预测分析一个月的情况。

4. 客房状况控制

通过计算机系统可以快速、准确地掌握客房的使用情况，使得前厅部与客服部之间的信息沟通更快、更准确；另外也能使服务员即时掌握客房状况，做好销售工作，提高客房出租率。其功能主要包括：

（1）显示可售房状况，随时动态查询可售房情况。

（2）反映和更改每一间客房的状况（包括空房、待修房、住客房、预订订房等）并有维修房、非出租房提示，客人信息、现住或预订状态、VIP 客人标志、长包房标志等。

（3）提供客房占用情况报告。

（4）反映客房维修情况。

（5）按楼层、房间类型、房号等方式显示客房状况。

5. 客账管理

客账管理是一项保证饭店经济利益和保证客人住店期间各种消费数据准确可靠的工作。在没有运用计算机技术之前，收银员不但要处理许多账单，按房号分检、记录、计算，而且容易出现由于工作不仔细而产生的各种偏差，特别是在客人结账离店时速度较慢，使客人感到不耐烦。运用计算机系统则可以随时直接地将每位客人的消费情况，以各种方式计入各自的客账，并自动累计和显示客人当前的消费状况，既节省了时间、减轻了收银员的工作量，又避免了重复记账和出现遗漏现象。客人在离店结账时，只需要在计算机中输入客人的房号或姓名，账单就会自动打印出来。客账管理的内容主要包括：

（1）自动为客人建立账单，能为每间客房至少建立一个账单。

（2）饭店各营业点消费额自动转账。

（3）显示客账细目和各分类账细目。

（4）打印出客人账单并制作标准结算账单。

（5）夜间审核自动化并打印相关报告。

（6）制作账目汇总表。

（7）自动加收房费提醒。可根据客人的结账时间自动提醒加半天房费及一天房费，并根据实际情况进行加收。

（8）消费追记。可根据查房及其他收费点的传单在结账时追记客人的消费。

（9）支持多种方式的结账，如现金、支票、信用卡及现付、挂账、全免和部分免费等。

（10）转账处理。一个客人替另几个客人付账，可以提前设置这几个客人的转账关系，在产生客人账目时，系统自动把账转到付账客人账户上。

（11）系统数据检查。对客人状态、房态、账目进行数据一致性检查，方便饭店的各个部门对当日账务进行查询。

小 知 识

计算机能担负起全部的客账存储工作并发布各类核账报告，节省了大量的人力和时间。但是计算机的客账管理功能并不能完全代替人工劳动，要确保客账无差错，必须建立完善的操作程序和制度。

---

6. 建立客史档案

为准确掌握顾客在消费过程中的各种需求，培养饭店忠诚的消费群体，达到信息互动共享，全面提升服务质量的目的，客史档案在饭店管理的重要性日益凸现，客史档案管理已成为饭店基础管理工作之一。

（1）饭店客源的分类。饭店客源按照年度餐饮消费金额大致可分为三类：A 类，饭店大客户（VIP）；B 类，饭店普通客户（机关、企事业单位）；C 类，饭店普通散客（或新开发客户）。在这三类客户中，要特别注重搞好 A 类和 B 类客户的客史档案建设。

（2）客史档案的信息收集。客史档案能够较好地反映饭店的服务意识，拉近与客户之间的距离，让顾客产生信任、安全、亲切和家外之家的感觉。作为饭店员工，在服务中要用心倾听、细心服务，认真感受客人的一举一动，尽可能多地获取客人信息。要想达到这一目的，必须要全员参与，共同进行客史档案的建设和管理工作。

① 门童和引领员是最早接触客人的岗位之一，一名优秀的迎宾员应能够在客人到来时准确地用姓氏尊称客人，同时能够将客人详细的信息如特殊喜好、生日、联系电话、喜爱

的菜品、爱喝的酒水等准确地传达给值台服务员或点菜员。引领员在与客人交流过程中可委婉地询问客人的姓氏，并做好传递和记录工作。

② 点菜员主要是为客人做搭配营养、合理用餐的引导工作。具有娴熟服务知识的点菜员有一定的权威性，她可以做客人的向导，也是饭店产品对外宣传的桥梁。因此，在点菜过程中点菜员可运用婉转的语言与客人沟通，并进一步了解客人的姓氏及特殊的喜好。

③ 值台员和楼层服务员也是获得客人信息的重要渠道。服务员可以通过住宿、用餐过程的细心服务，及时与客人沟通，记下客人的姓氏尊称，在服务中注意客人的举动，特别是客人的爱好等。在服务过程中，服务员与客人交往较多，是获取客史信息的重要途径。

④ 饭店管理人员要具有良好的沟通能力，在饭店巡检过程中随机拜访客人，征求客人意见，用姓氏尊称客人应是管理人员与客人交往所具备的基本能力，这样会使客人产生一种受照顾的感觉。对于不熟悉的新客户，管理人员可以采取意见征询表的形式征询客人意见，同时运用婉转语言与顾客沟通，问明客人姓氏并即刻使用，然后形成文字记录备用。

⑤ 总台接待员和吧台收银员也是接触客人最多的岗位之一，优秀的收银员、接待员应熟悉关系单位及老客户的姓氏、结账方式或特殊需求、联系电话等，总台预订、宴会预订、客人出示证件时也是记忆客人姓氏、获取信息的极佳途径。

⑥ 管理、服务人员也可通过客人的司机、朋友了解其相关信息，因为客人的司机、朋友也在想方设法让其领导满意。

⑦ 建立顾客卡制度，让客人自己留下信息。顾客卡，亦称顾客信息卡，是饭店为客人准备的名簿，分别用来记录实际来店的客人以及未来光临的客人，其记录方式主要有以下几种：

a. 开账单时，交给顾客"客人资料登记卡"或问卷表，请客人离开时交还。

b. 吧台收银时，问明客人的姓名、地址，并记于客人名簿上。

c. 向客户赠送优待券，在赠券时请客人留下自己的姓名、地址等相关信息。

d. 向客人赠送"优待卡"或"贵宾卡"，借此机会获取客人相应的信息。

（3）客史档案的建立。当客人首次入住饭店，接待员把客人的各种资料输入计算机后，计算机中的建档功能就会自动地为客人建立客史档案。以后随着客人的消费和不断光顾，计算机就会不断记录客人在店时的各种有用信息（如客人的特殊要求、信用情况、饭店曾给予的优惠等），从而完善客史档案的内容。饭店可以根据客史档案，一方面给不同的客人、不同的单位以不同的优惠政策；另一方面可以对那些不守信用的客人予以适当处理。具体内容包括：

① 接受预订时，可按客人姓名查询预订客人有无客史；若有，可直接调用。

② 修改和记录客史资料。

③ 清除客人的客史资料。

④ 按客人的姓名自动累积各自的资料。

⑤ 打印客史细目。

⑥ 修改客人住店细目表。

⑦ 即时打印任意客人的客史记录。

⑧ 总台接待员为客人办理入住手续，按客人姓名，系统可自动调出客人的客史档

案（表8-1）。

表8-1 饭店客户档案表模板

编号：000 营销员：

单位名称							
单位地址							
客户姓名		职位		出生日期		教育程度	
性别		办公电话		移动电话		传真号码	
性格		喜好		口味		民族	
QQ				Email			

	入住日期	入住房号	房价	消费金额	反馈意见
住房记录					

（4）客史档案的补充、更新与管理。包括如下内容：

① 营销部负责饭店总体客史档案的补充、更新与管理，餐饮部负责餐饮档案的补充、更新与管理，保持同步，信息互动共享。

② 营销部每月对 A 类新开发的客户进行回访，并协同餐饮部每月进行有针对性的回访。

③ 营销部会同餐饮部负责人每月召开一次客史档案，补充更新专题会，确定月度重点关注的客人名单。

④ 营销部会同餐饮部每季度召开一次消费分析会，并根据客户消费情况，对其进行 A、B、C 类客史档案动态转换，并做好 A、B、C 类客户上半年、下半年及年度消费的分析会议。

7. 经营统计

计算机在前厅部的运用，给管理和服务工作带来了极大的方便，它能随时显示当前及未来客房的经营状况，并向管理者提供每日营业额、平均房价、抵达饭店的客人情况等信息。管理者还可以通过计算机直接获取营业日报（客房营业日报，前台收入日报，前台收款日报，宾客账务日报，消费营业日报，消费收款日报，综合营业日报，综合收款日报）、客情预测、价格分析报告等必要的辅助决策分析资料，使管理者能迅速掌握可靠的信息资料，改善经营管理。

小 知 识

计算机只是一种工具，它不可能代替服务人员的全部劳动。计算机功能的发挥要靠员工正确的使用，这也是前厅部运用计算机进行管理的基础。

任务演练 》

1. 添加客史档案

小组交互练习，分别根据每个人小组成员不同的特点列出应该出现在客史档案中的信息。完成表8-1。

2. 任务评价

对每位成员列出的可行性客史档案信息予以评价，注意涉及客人私隐的信息不应出现在档案中。实行小组内成员互评、小组间互评和教师评价，给出提升建议并进行综合评价，填入表8-2中。

表8-2 能力评价

内容			评价		
学习目标		评价内容	组内成员	小组间	教师
知识	应知应会	客史档案内容	□优□良□差	□优□良□差	□优□良□差
专业能力	能准确把握客人资料	客史档案的完善程度	□优□良□差	□优□良□差	□优□良□差
提升建议：			综合评价： □优 □良 □差		

课 后 练 习

一、填空题

1. 饭店计算机管理系统功能非常强大，可以覆盖到饭店管理的各个环节，其中最基本的是（　　）。

2. 总台接待员利用计算机信息系统中的（　　）功能模块为客人办理入住登记手续，提供快捷、高效的服务。

3. 运用计算机系统可以随时、直接地将每位客人的（　　），以各种方式计入各自的客账，并（　　）客人当前的消费状况。

4. 计算机在前厅部的运用给管理和服务工作带来了极大的方便，它能随时显示（　　）的经营状况，并向管理者提供（　　）、（　　）、（　　）等信息。

二、简答题

1. 简述前厅计算机管理系统的特点。

2. 简述计算机管理系统在总台信息管理中的具体适用。

任务二 电子门锁系统和智能卡的应用

任务目标 ≫

➤ 了解电子门锁的种类;
➤ 了解电子门锁系统中智能卡的使用。

任务准备 ≫

➤ 课前要求学生收集身边的智能卡。
➤ 信息收集:门锁的演变。

任务描述 ≫

阅读某饭店的智能卡门锁的使用说明,了解智能卡门锁的不同功能以及使用方法。

任务分析 ≫

智能卡替代传统客房门锁,不光是简单的一个门锁变革。学通过浏览实际饭店智能卡门锁的使用说明来帮助学生认识智能卡,提高学生的学习兴趣,开拓学生的思维,打破传统,将智能卡的应用与优质、快捷服务联系在一起,让学生从实际生活中学到知识。

相关知识

饭店客房门锁是控制客人准入,保护客人人身及财产安全的重要设备。传统的客房门锁是功能单一的机械门锁,这样的门锁有一定的弊端:一是管理复杂;二是安全性低。电子门锁管理系统是一种全新的饭店客房、通道等场所准入的自动化管理系统。相对于传统的机械门锁,它不但具有使用方便、可靠,保密性强的优点,还可以实现电子钥匙的"一卡多用"。

一、电子门锁系统简介

电子门锁系统起始于 20 世纪 70 年代初,当时,美国和欧洲的制锁集团开发出了 10 多种电子钥匙系统,并开始在饭店业中使用。经过 30 多年的发展,电子门锁系统已相当成熟。目前,我国使用的电子门锁必须通过国家公安与警用电子产品质量检测,并获得公安厅技防办颁发的许可证,才可进入市场。

电子门锁系统一般由发卡机、智能卡锁、计算机网络系统、门锁管理软件等组成。饭店电子门锁智能卡钥匙一般通过配有门锁管理软件的发卡机进行制作。电子门锁内部有时钟管理,如客人卡、清洁卡等都受时间的控制,只有在有效的时间内才能开启门锁,但一般可配应急系统开启卡，该卡在任何情况下，都能可靠地开启门锁。电子门锁内装有"黑匣子"，可记录的开锁信息多达 10000 条，并可随时用数据卡查询开门记录。门锁管理软件知识提供 5 种接口方式，供饭店管理系统挂接。目前，电子门锁大致有五种类型：指纹门锁、IC 卡门锁、TM 卡门锁、磁卡门锁和射频卡门锁。

1. 指纹门锁

指纹门锁是利用人体指纹个异性和不变性，为用户提供安全可靠的加密，使用时只需将手指平放在指纹的采集窗口上，即可完或开锁任务，操作十分简便。它是目前世界上最先进的锁具。

2. IC 卡门锁

IC（Integrated Circuit）卡门锁是通过将贮存密码的 IC 卡（包含集成电路芯片）制作在钥匙卡上，从而实现加密的一种电子门锁。使用时，将钥匙卡插入到门锁内的读卡槽中，密码确认无误才看开启门锁。因 IC 卡内设密码保护电路，解密错误超过一定次数时，该卡内的集成电路芯片立即自毁，故可有效地防止伪造。这是目前一种最经济实用的电子门锁。

3. TM 卡门锁

TM（Touch Memory）卡又称为信息纽扣（Information Button），是由美国 Dallas 公司研制的一种专用 ROM 芯片。芯片中的密码是由光刻的 64 位序列号形成，每张卡上的序列号全球唯一，故安全性极高。TM 卡门锁的使用方法与 IC 卡门锁相同，但成本比 IC 卡门锁高。

4. 磁卡门锁

磁卡门锁是将贮存密码的磁卡制作在钥匙内，从而达到加密的目的。其使用方法与 IC 卡门销和 TM 卡门锁相同。磁卡门锁所用的磁卡具有成本低、便于修改等特点，因而价格低廉，比较适合于低星级饭店使用。

5. 射频卡门锁

射频卡门锁是美国 TI 公司研制的一种感应卡门锁。射频卡门锁就是利用这种感应卡制作开门钥匙。它与前 4 种卡不同的是，射频卡属于非接触卡，使用时只需在门锁信号屏前一晃，不用接触即可开启门锁，因此使用非常方便。

二、电子门锁系统的特点

近年来，不但新建饭店大都使用电子门锁系统，而且很多原先使用机械门锁的饭店业也纷纷进行更新改造，换上了电子门锁系统。电子门锁系统之所以备受青睐，是因为它具有普通机械门锁无可比拟的优点。

1. 安全可靠

电子门锁系统可以为每把门锁制出一万种不同密码的钥匙卡，密码是在客人住店时按预计的居住天数和确定的房号由发卡机自动生成。在磁卡或 IC 卡有效的期限内，该卡只能打开其对应的客房，过了有效期，该卡就失效，并且在原卡尚未失效而又有一张新卡开门后，原卡立即作废。因此，客人的钥匙卡一旦被窃或不小心丢失时，只需重新制作一张钥匙卡开门即可，丢失的钥匙卡就不起作用了，这样也适用于客人提前退房离店的情况。此外，电子门锁系统还具有报警功能，当将门锁组合斜射别住，置门锁为妨插时，门锁会连续发出报警声，以提醒客人和服务员注意关好门。而且，一般人无法对电子锁匙进行解密与复制，从而大大提高了安全保密性。

2. 使用与管理方便

电子门锁系统具有 14 种智能钥匙，分为 5 个级别管理，使得管理权限分明，使用操作简便。例如：当计算机硬件或软件系统出现故障而不能制卡时，可启用备用卡代替客人卡开启门锁，这样就避免了由服务员用楼层卡开启门锁而对客人带来的不便，同时也避免了客人拖欠房租的现象。这一功能的实现是靠电子门锁系统的时钟控制的。当门锁时钟芯片因周围环境影响或门锁故障造成时钟丢失或产生错误时，电子门锁系统还可自动修复时钟芯片。若无法修复时钟芯片时，则通过门锁指示灯提示用户重新手动校准时钟，保证时钟准确无误。只要可避免因时钟丢失或错误造成客人钥匙卡无法开门，开锁信息记录不准确，发生重大问题时无直接证据等安全漏洞，即可避免出现因门锁失去时间控制而导致失去进出控制的安全问题。

三、电子门锁系统的使用

目前，智能电子门锁一般是根据现代化饭店管理模式的要求而设计的，分 5 个不同管理的级别和 13 种智能卡钥匙，饭店可根据自己的实际情况进行组合使用。

1. 智能卡的管理级别

（1）管理级别：如总裁卡、管理卡。
（2）总控级别：如总控卡、应急卡。
（3）区域级别：如别墅卡、领班卡、楼层卡、会议卡、清洁卡。
（4）控制级别：如中止卡、时钟卡、退房卡、数据卡。
（5）客人级别：客人卡。

2. 智能卡的种类及使用

智能卡大致可分为 13 类，不同的类别对应不同的使用范围，并进行持卡人的权限设定，如表 8-3 所示。

表 8-3　智能卡的种类

种类	使用范围	持卡人
总裁卡	用于门锁的预处理，不能开锁	总经理
管理卡	可以开启门锁的二级初始化，并控制总控卡的设置，不能开锁	系统负责人
总控卡	可以开启本系统所有门锁	系统负责人、总经理、部门经理、领班
中止卡	用于客房发生意外或客房暂停使用时，中止对应房间门锁的开启	部门经理
领班卡	多楼层管理，可打开规定区域的门锁	客房部经理
楼层卡	可以开启某个楼层的所有门锁	楼层服务员
客人卡	在有效住宿时间内可以开启某个房间的门锁	客人
退房卡	用以清除客人的钥匙卡，停止客人卡的使用	楼层服务员
清洁卡	在有效时间内，可以开启指定清洁区域的房间门锁	清洁员
应急卡	可以开启系统中所有房间，并且在没有其他操作时一直有效	部门经理
时钟卡	可以设置门锁的时钟	系统负责人
会议卡	可使门锁处于长开状态，但不增加耗电	部门经理
数据卡	用于提取锁中的开锁记录	保安部或客房部

3. 一卡多用

电子门锁系统一般由发卡机、智能卡锁、计算机网络系统、门锁管理软件组成。门锁管理软件可与饭店其他管理软件（如前厅、餐饮、财务）系统集成，将各种智能系统的信息贮存在智能卡上的不同区域。这样可以通过计算机网络系统实现一卡多用、一卡多能，使客人持有的智能匙卡不但可以开门、取电、管理保险箱，而且还可以刷卡验证身份，取代传统的饭店内部的娱乐、餐饮等消费的签单，为客人和饭店工作人员提供极大的方便。此外，智能卡还可以用来作为员工的考勤，饭堂用餐的身份验证等，真可谓是"一卡通"。

任务演练 ≫

1. 掌握电子门锁系统和智能卡的应用

列举饭店电子门锁的种类；找出身边的智能卡，并说出它的用途；你希望拥有一张什么样的卡，才能够真正实现"一卡在手，走遍天下"呢？

2. 能力评价

以小组为单位，根据表中评价标准完成任务，采取逐级评价的方法，即由教师给组长评价，组长给组员评价，填入表 8-4 中。

表 8-4　能力评价

内容			评价		
学习目标		评价内容	组内成员	小组间	教师
知识	应知应会	电子门锁的种类	□优□良□差	□优□良□差	□优□良□差
		智能卡的作用	□优□良□差	□优□良□差	□优□良□差
专业能力	饭店中智能卡的种类及使用权限	注意事项阐述清晰	□优□良□差	□优□良□差	□优□良□差
		主要功能描述正确	□优□良□差	□优□良□差	□优□良□差
态度	积极主动		□优□良□差	□优□良□差	□优□良□差
	团结合作		□优□良□差	□优□良□差	□优□良□差
提升建议：			综合评价： □优 □良 □差		

课 后 练 习

一、填空题

1. 电子门锁系统一般由（　　）、（　　）、（　　）等组成。

2. （　　）是目前一种最经济实用的电子门锁。

3. 电子门锁系统具有（　　）种智能钥匙，分为（　　）个级别管理，使得管理权限分明，使用操作简便。

二、简答题

1. 列举电子门锁的种类，并分析其优缺点。

2. 智能卡在饭店中有哪些应用？你觉得还可以开发哪些功能？

任务三　多媒体系统的应用

任务目标 ≫

➢　了解多媒体的概念；

➢　了解多媒体系统在饭店中的主要用途。

任务准备

➢ 场地准备：实训基地；
➢ 仪容仪表准备：与课人员身着职业装，女生化淡妆、盘发。

任务描述

参观某一饭店，在参观过程中，了解饭店中多媒体系统的应用。结合日常生活中多媒体的应用，说出多媒体系统在饭店应用中的优点。

任务分析

随着信息时代的来临，多媒体在各行业的应用带来了人们生活习惯的变革。多媒体系统为饭店客人提供更多、更准确的信息资源，为饭店工作人员提供更方便的工作条件。

相关知识

实施信息发布系统以后，天气预报、旅游向导、附近景点宣传、饭店设施介绍、服务指导、商业活动要闻、会议导引等，都可以通过机房区的一台办公计算机发到指定的显示终端上，同时还可以对终端的开关进行智能化的管理，节省人力财力，提高饭店的档次，给顾客留下周到、全面、立体的印象。

一、多媒体系统简介

1. 多媒体计算机

（1）媒体。媒体（Medium）在计算机领域主要有两种含义：一是指储存信息的实体，如磁盘、磁带、光盘、光磁盘、半导体注册器等；二是指信息的载体，如数字、文字、声音、图形、图像、动画等。

（2）多媒体。多媒体（Multimedia）就是将文字、音频、视频、图像等多媒体和计算机技术集成到同一数字环境中，并由此派生出许多应用领域。

（3）多媒体技术。多媒体技术是处理文字、图像、动画、声音和影像等的综合技术。它包括信号数字处理技术、音频和视频技术、信息压缩技术、光学储存技术、人工智能和模式识别技术、多媒体计算机系统技术、多媒体数据库技术、多媒体通信技术和多媒体人/机界面技术等。它是正处于发展过程中的一门跨学科的、综合的高新技术。

（4）多媒体计算机。多媒体计算机是在运用计算机运算能力的基础上，增加了音频、视频等多媒体处理能力的一种计算机系统。

2. 多媒体计算机系统的组成

（1）多媒体计算机硬件系统。它主要包括以下几部分：多媒体主机；多媒体输入设备，如摄像机、麦克风、扫描仪、指纹采集器、CD-ROM等；多媒体输出设备，如打印机、绘图仪、音响、录像机等；多媒体存贮设备，如硬盘、光盘、磁带等；多媒体功能卡，如视频卡、声卡、压缩卡、电视卡等；操纵设备控制，如鼠标、键盘、操纵杆、遥控器、触摸屏等。

（2）多媒体计算机软件系统。它是以操纵系统为基础，由多媒体数据库管理系统、多媒体压缩/解压软件、多媒体音频与视频播放软件、多媒体编辑转换软件和多媒体通信软件等组成。

二、多媒体系统在饭店中的主要用途

多媒体技术在饭店中的应用主要体现在以下几个方面。

1. 会议系统

多媒体计算机技术主要应用于饭店的会议厅中，如视频会议系统、会议录像现场电视转播、会议演讲与演示、会议多语种翻译等。

2. 安全与监控

多媒体技术用于包括饭店电梯、楼道、门锁、消防等方面的安全监控，能做到实时控制与自动预警，还能自动存储、分析各种监控信息，从而提高饭店的安全性，防患于未然。

3. 咨询与广告

利用多媒体系统达到高质量的无人咨询服务水平，如百科全书、地图系统、旅游指南等电子工具，也可提供饭店业务广告宣传。

三、应用场景

现代化的饭店已经集餐饮、商务、娱乐为一体，拥有丰富的区域划分——会议厅、大堂、餐厅、客房、健身中心等，通过在不同的位置进行合理的多媒体终端分配，可以帮助客户及时获取信息。

1. 大堂

安放液晶电视（LCD），发布饭店宣传片、每日宴会信息、天气预报、外汇牌率等资料；采用触摸屏介绍饭店情况、饭店设施介绍、楼层介绍，以及景点介绍 、火车飞机查询、城市介绍等。

2. 电梯口

安装高分辨率、高清晰的信息显示屏，采用适合大厅装修色调的款式，显得更加高贵、典雅，其主要用来发布宴会引导资讯、饭店宣传片、客户宣传资料等。

3. 宴会厅门口

在每个宴会厅门口安装信息显示屏，采用壁挂或大理石开孔嵌入墙体方式安装，发布每日宴会厅的会议资讯，播放引导信息、会议宴会主题、日程、欢迎词等。

4. 餐厅

每个餐厅室门口安装液晶电视（LCD），采用嵌入式安装方式安装。可根据播放时间设置节目单，播放欢迎词、特色菜、促销活动、婚宴祝福等信息。

任务演练 »

1. 完成任务

（1）熟悉你所在城市商业区及银行的多媒体查询机的使用。
（2）模拟情景演示：向饭店客人介绍大堂多媒体查询机的使用。

2. 能力评价

分组进行讨论，总结饭店的多媒体应用的必要性，多媒体在饭店的应用有哪些，还有哪些可开发的应用。实行小组内成员互评、小组间互评和教师评价，给出提升建议并进行综合评价，填入表 8-5 中。

表 8-5　能力评价

内容			评价		
学习目标		评价内容	组内成员	小组间	教师
知识	应知应会	多媒体应用的优点	□优□良□差	□优□良□差	□优□良□差
		多媒体的用途	□优□良□差	□优□良□差	□优□良□差
专业能力	能够准确叙述多媒体在饭店各部门的用途	注意事项阐述清晰	□优□良□差	□优□良□差	□优□良□差
		主要功能描述正确	□优□良□差	□优□良□差	□优□良□差
态度	积极主动		□优□良□差	□优□良□差	□优□良□差
	团结合作		□优□良□差	□优□良□差	□优□良□差
提升建议：			综合评价： □优 □良 □差		

课 后 练 习

一、填空题

1. 多媒体技术是处理（　　）、（　　）、（　　）、（　　）和（　　）等的综合技术。

2. 多媒体技术用于安全监控,能做到(　　)与(　　),还能自动存储、分析各种监控信息,从而提高饭店的安全性,防患于未然。

二、简答题

1. 多媒体系统包括哪些设备?
2. 多媒体在饭店的应用有哪些?

任务四 | 触摸屏的应用

任务目标 >>

➤ 了解触摸屏的特点;
➤ 了解触摸屏在饭店中的作用。

任务准备 >>

➤ 准备触摸式多媒体设备,如手机;
➤ 联系饭店,利用饭店触摸一体机进行实地教学。

任务描述 >>

通过触摸一体机,了解客房环境、饭店餐饮、娱乐等配套设置,快捷地查询饭店周边吃、住、行、游、购、娱等六大旅游方面的消费信息和情况介绍。

任务分析 >>

触摸屏是直接面向消费者、具有交互性的信息查询及消费者反馈的计算机网络系统,是利用当今先进的计算机网络系统进行信息服务和宣传的工具。它能使大量的信息快速、准确地传递给消费者,并能在第一时间得到消费者的反馈调查数据。为饭店提供了一个向外界展示自己形象,扩大影响力的有利方式和窗口。

⚡相关知识

一、触摸屏的特点

触摸屏是直接用手指在屏幕上点选屏幕上的菜单、工具等图标,以完成相应的功能。触摸屏使用起来极为直观、方便,即使没有接触过计算机的人也能立即使用。触摸屏根据所用的介质和工作原理,分为电阻式触摸屏、电容式触摸屏、红外线式触摸屏和表面声波式触摸屏四种。以下分述其特点。

1. 电阻式触摸屏

电阻式触摸屏是利用压力感应，使触摸屏表面电阻薄膜屏的电阻发生变化，从而产生触摸信号。其主要特点是操作简单，性能可靠，抗干扰性能强，使用寿命长。它比较适合用于高标准要求的场所。

2. 电容式触摸屏

电容式触摸屏是把透明的金属层涂在玻璃板上，当手指触摸在金属层上时，电容发生变化，从而产生触摸信号。电容式触摸屏具有防尘、防水、防油等特点；但由于电容随温度、湿度或接地情况的不同变化，故其稳定性较差。这种触摸屏适用于系统开发的调试阶段。

3. 红外线式触摸屏

红外线式触摸屏是在屏幕周边成对地安装红外线发射器和红外线接收器，当手指触摸在屏幕上时，阻挡了红外线，从而产生触摸信号。它具有反应灵敏、触摸准确、清晰度高、使用寿命长，并可用笔式输入或带手套使用等特点，因此适用于各种高标准要求的场所。

4. 表面声波式触摸屏

表面声波式触摸屏的四角分别安装竖直或水平方向的超声波发射及接受换能器，当手指接触屏幕时，便会吸收一部分声波能量，控制器依据减弱的信号计算出触摸点的位置。表面声波式触摸屏的感应速度很快，非常耐用，但表面感应系统的感应转换器在长时间运作下，会因声能所产生的压力而受到损坏。

饭店是客流量较大的地方，一般游客（尤其是小孩）都喜欢在触摸屏上指指点点，因此饭店对触摸屏的要求是比较高的，一般采用电阻式触摸和红外线式触摸屏。

二、触摸屏在饭店中的作用

当前，随着触摸一体机（图 8-2）应用发展，触摸一体机广泛应用在饭店、度假村、餐厅和饭店等观光休憩场所。借助触摸一体机，消费者能轻易取得所需的、即时、实用的资讯，并可同时观赏多媒体娱乐节目，享受休闲时光。

图 8-2　触摸一体机

触摸一体机饭店的应用为经营者和消费者搭建了默契的信息互动平台，以下是电子饭店触摸一体机的应用领域。

1. 接待柜台

可展示的内容包括：企业形象宣传、客房价目表、汇率、最新消息、特价活动、问候团体或特殊访客、值班经理的名字、客户留言、饭店公告事项及其他一般资讯。

2. 饭店大厅

可展示的内容包括：互动式资讯平台，平面图、饭店导览客房与饭店设施、饭店内外商店资讯、本地旅游资讯、特产、名胜介绍、活动、特价公告、宴会厅活动等。

3. 电梯口或电梯内

可展示的内容包括：平面图，饭店介绍饭店设施及餐厅、餐厅、SPA、会客厅等设施的特价活动，其他一般生活资讯。

任务演练 >>

1. 学习使用触摸屏

学会使用身边的触摸屏，查询本地饭店信息，完成表 8-6 表格内容。

表 8-6 本地饭店信息汇总表

饭店名称	饭店地址	联系电话	饭店特色

2. 能力评价

完成表 8-6，根据表格填写情况，采取逐级评级方式予以评价，填写如下评价表（表 8-7）。

表 8-7 能力评价

内容			评价		
学习目标		评价内容	组内成员	小组间	教师
知识能力	应知应会	一体机使用方法	□优□良□差	□优□良□差	□优□良□差
		一体机设置位置	□优□良□差	□优□良□差	□优□良□差
专业能力	能指导他人利用一体机快速查询资料	注意事项阐述清晰	□优□良□差	□优□良□差	□优□良□差
		主要功能描述正确	□优□良□差	□优□良□差	□优□良□差
态度	积极主动		□优□良□差	□优□良□差	□优□良□差
	团结合作		□优□良□差	□优□良□差	□优□良□差
提升建议：			综合评价： □优 □良 □差		

课 后 练 习

一、填空题

1. 触摸屏根据所用的介质和工作原理，分为（　　）、（　　）、红外线式和（　　）四种。

2.（　　）和（　　）比较适合用于高标准要求的场所，因此饭店触摸屏多采用这两种形式。

二、简答题

1. 简单叙述一体机（触摸屏）的特点。
2. 简述顾客在饭店一体机上能查询到的资料。

任务五 ▌电子通信与控制技术的应用

任务目标 ≫

➤ 了解饭店客房控制系统的组成和功能。

任务准备 ≫

➤ 场地准备：实训基地或联系饭店；
➤ 仪容仪表准备：与课人员身着职业装，女生化淡妆、盘发。

任务描述 ≫

参观某一饭店，了解其客房控制系统的组成，并总结该系统的功能。

任务分析 ≫

参观之前应掌握一定的客房控制系统基础知识，参观时让学生清楚主要任务是了解饭店客房的控制系统的组成，可让饭店相关工作人员进行适当的讲解，帮助学生认识，参观完让学生总结控制系统的功能。

⚡ **相关知识**

一、客房控制系统

如图 8-3 所示，现代饭店的客房控制系统一般使用计算机网络进行管理控制，这种控

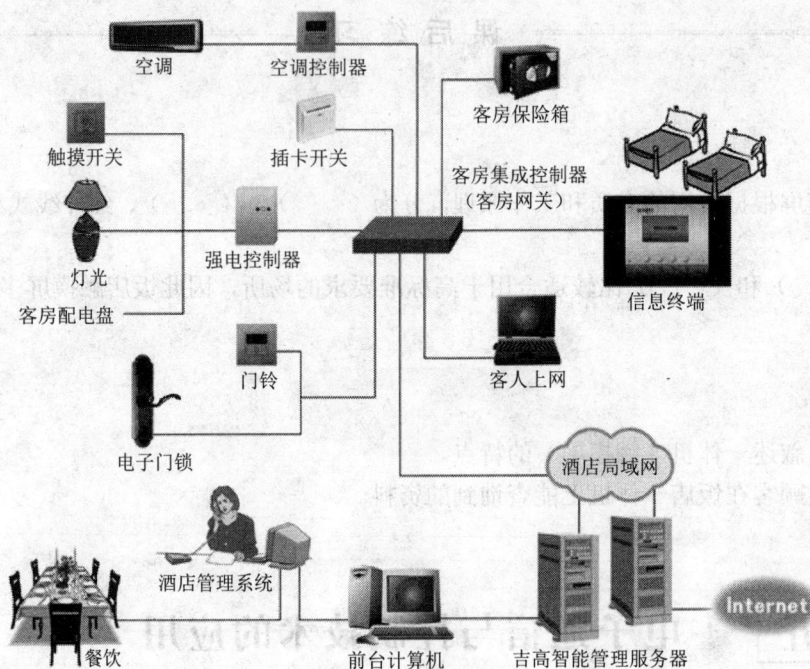

图 8-3　客房控制系统

制系统的使用大大提高了饭店的管理水平，并节约能源。由于应用客房控制系统，可使客房管理由原来的设立楼层管理员改为设立服务中心，因此可压缩 30%的服务员和节省 25%以上的能源。

1. 客房控制系统的组成

客房控制系统一般由灯光系统、时钟系统、广播电视系统、电话系统、省电系统、节水系统、门锁系统、服务系统、空调系统、总电源系统、计算机网络等组成。

2. 客房控制系统的功能

（1）客房状态监控。客房状态监控可根据门锁系统、房间电器集控器以及其他灯光状态等进行综合判断客房中是否有人，以及是否休息，请勿打扰灯是否点亮，并能显示出当前客房中各个灯光及房间温度。客人的呼叫服务、房间清理的要求也能直接传送到服务中心，并按时间顺序记录在数据库中，由服务中心通知服务员。

（2）客房远程控制。客房远程控制能远程开关门锁和指定的灯光。客人外出时，可远程设定房间温度，使空调低档运行，从而节省能源。

二、饭店其他监控系统

饭店监控系统是安防监控系统在旅游饭店行业中的应用。当前，安防监控系统的应用越来越普及，它在饭店安全管理中的应用主要有以下几个方面：

（1）停车场监控。全计算机自动监控管理系统可实现停车场的无人管理和经营。在停车场的出入口安装指纹采集器或智能卡及数码摄像机等高科技设备，系统就能自动识别车主的身份和车子的信息。停车时，系统自动完成记录；取车时，车子行至出口时，系统将再次确认人和车的合法性，即有效性。只有在合法情况下，系统才自动开启出口，否则会自动报警，如图8-4所示。

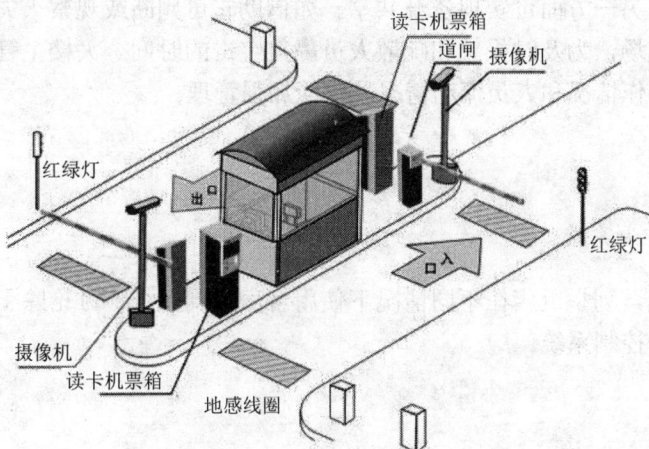

图8-4 停车场监控系统示意图

（2）电梯监控。可保证电梯的安全，防止意外事故的发生，如图8-5所示。

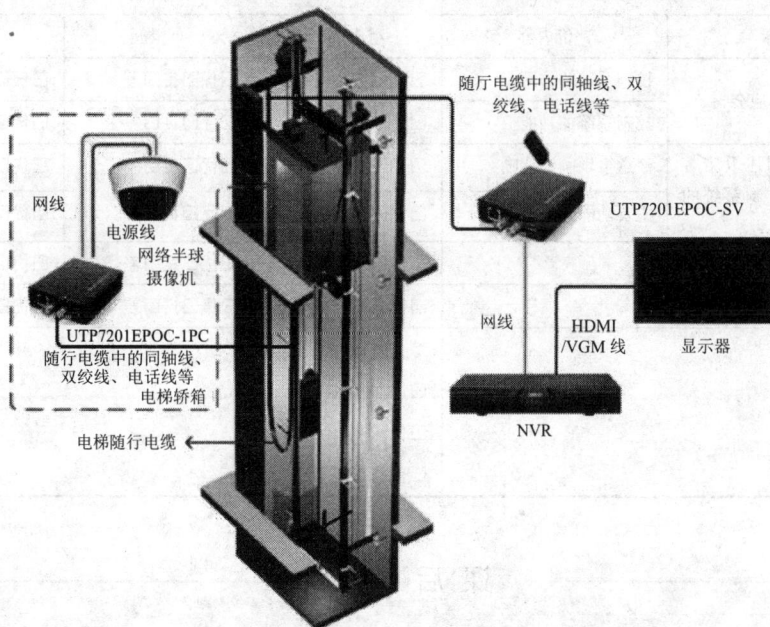

图8-5 电梯监控系统

（3）防盗报警系统。饭店的重点部位，如财务室、票据室、仓库、领导办公室等安装红外线微波双鉴探头（即利用红外线、微波双重探测）和灯光控制器，一旦有盗贼闯入，系统将立即开启现场灯光，并向保安人员报警，必要时自动拨打 110 报警，有效地威慑罪犯。

（4）周界防卫系统。在饭店的周围设置肉眼看不到的红外警戒线，监测任何人从任意方向的进入。它是饭店的第一道防线，投资低、保护面积大、可靠度高。

（5）闭路电视监视系统。利用这种系统，一方面可以使安全保卫人员不出户就能明察大楼内外的一切；另一方面可实现资源共享。如借助它可判断或观察火灾报警区域的报警真伪或火灾火情现场，为及时报警和疏散人员赢得宝贵的时间。大楼主管可借用它了解大楼内工作人员的工作情况和人员流动情况，以便加强管理。

任务演练 ≫

1. 了解客房控制系统

从节能的角度，列举饭店在不同情况下使用客房控制系统；讨论除了客房外，还有什么位置可使用前厅控制系统。

2. 能力评价

分组进行讨论，根据每组完成任务情况进行逐级评价，填入表 8-8 中。

表 8-8　能力评价

内容			评价		
学习目标		评价内容	组内成员	小组间	教师
知识	应知应会	控制系统的作用	□优□良□差	□优□良□差	□优□良□差
		控制系统的功能	□优□良□差	□优□良□差	□优□良□差
专业能力	能阐述饭店客房控制系统的使用方法	注意事项阐述清晰	□优□良□差	□优□良□差	□优□良□差
		主要功能描述正确	□优□良□差	□优□良□差	□优□良□差
态度	积极主动		□优□良□差	□优□良□差	□优□良□差
	团结合作		□优□良□差	□优□良□差	□优□良□差
提升建议：			综合评价： □优 □良 □差		

课 后 练 习

一、填空题

饭店监控系统包括（　　）、（　　）、（　　）、（　　）、（　　）。

二、分析题

请分析如何在客房无人、顾客入住、夜间睡眠状态下使用客房控制系统。

任务六 ▎ 视频点播系统的应用

任务目标 »

➢ 了解视频点播系统的应用场合；
➢ 学会视频点播系统的使用。

任务准备 »

➢ 场地准备：本地不同类型饭店；
➢ 仪容仪表准备：与课人员身着职业装，女生化淡妆、盘发。

任务描述 »

组织学生前往本地不同类型饭店，对视屏点播系统在饭店中的应用情况进行调查，并分析视频点播系统在本地饭店推广的可行性。

任务分析 »

在选择饭店时应具有出针对性，选择不同类型、不同地域的饭店进行调查，这样才能体现出饭店视屏点播系统普及度的差异性。调查前学生应对视屏点播系统的基础知识有一定的掌握，清楚调查的内容，如着重了解视频点播系统的特点及主要应用场合，事后在课堂上进行小组讨论，分析视频点播系统在本地饭店推广的可行性。

⚡ 相关知识

（Video On Demand，VOD）即视频点播技术的简称，也称为交互式电视点播系统。视频点播是计算机技术、网络技术、多媒体技术发展的产物，是一项全新的信息服务。它摆脱了传统电视受时空限制的束缚，解决了一个想看什么节目就看什么节目，想何时看就何时看的问题。有线电视视频点播是指利用有线电视网络，采用多媒体技术，将声音、图像、图形、文字、数据等集成为一体，向特定用户播放其指定的视听节目的业务活动。其包括按次付费、轮播、按需实时点播等服务形式。它是现代科学技术高度发展的产物，代表了饭店视频娱乐的发展方向。

一、视频点播系统的特点

饭店视频点播系统（Hotel Video On Demand，HVOD），出现于 20 世纪 90 年代中期。

HVOD 可根据客人的要求，在饭店的电视系统中增加更适合客人个性化需求的、精彩的娱乐节目，为客人提供更高档的服务。饭店视频点播系统具有以下特点：

1. 先进性

视频点播是一种新兴的传媒方式，是计算机技术、网络通信技术、多媒体技术、电视技术和数字压缩技术等多学科、多领域交叉融合的产物。它在交互式领域已处于广播系统的前沿，与普通电视相比，它可向客人提供更高档次、更广范围的服务。

2. 交互选择性

HVOD 的本质是信息的使用者根据自己的需求主动获得多媒体信息。一方面，饭店可根据需要进行自我完善和自我发展，增加节目；另一方面，客人可以根据自己的兴趣，在不借助录像机、影碟机、有线电视等条件下，直接通过计算机或电视自由地点播节目库中的视频节目和有关信息。

3. 可扩展性

通过对饭店电视系统的改造，可以增加信息服务、股票接受、提示服务。如果与计算机管理系统结合，还可以向客房传送客人的账务信息。

二、视频点播系统的应用场合

饭店依靠视频点播系统提供的服务大致可分为三大类：影视歌曲点播、信息资讯和互联网访问。HVOD 这种"对内宽带共享，对外便捷通信"的特征，恰好迎合了饭店的服务宗旨——舒适和便利。因此，视频点播系统在饭店业最早推行，也最受欢迎。

1. 影视歌曲点播

HVOD 提供的影视、歌曲能够满足各类客人的需求，详尽的影片介绍和方便的检索界面使客人的挑选过程轻松愉快。客人只需按动遥控器、选择菜单，系统完全自动运转，并可自动计费转入客人总账，由前台统　结算。

2. 信息资讯

住店客人一般都想了解饭店内部的服务项目，关心当地的旅游交通、风景名胜、商务机构、餐饮特色等信息，有些客人可能随时想订餐、购物、查询个人账务等。通过 HVOD，会随时随地提供详尽、准确的服务。

（1）饭店信息。HVOD 可向客人介绍饭店的各种服务设施和服务项目，如娱乐、健身、饮食、商务中心、购物中心、搬运、预订出租车、购买飞机票等，使客人入住房间后立即了解整个饭店的服务体系，并根据自己的需求预订各种服务。而饭店则可通过该项信息向客人显示自己的周到服务，促使客人增加在本店的消费。

（2）订餐服务。客人不出客房就能通过 HVOD 看到餐厅提供的菜肴、食品，并可根据电视屏上的菜单点菜，约定送餐时间，而且客人还可在送前随时更改订单内容。这样，既方便客人消费，又可使餐饮更有计划。

（3）账目查询。客人可以通过 HVOD 随时查阅自己的账单，还可预约结账时间。这一服务使客人能即时了解自己的支出情况，在结账前就解决账务问题，避免结账时可能发生的分歧，从而树立饭店的良好形象。

（4）当地旅游、商务信息。HVOD 可以播放本地新闻，介绍当地风土人情、名胜古迹、重大文化活动、饭店周围环境等信息。这种介绍由于图、文、声、像并茂，因此更加生动形象，并且客人可以随时查阅详细的信息。由于客人初来乍到，往往人生地不熟，这项服务就可以给客人带来很大的方便，同时，饭店服务人员也不必经常回答客人的各种提问。

（5）客房信息。与饭店管理系统联网，客人和客房管理人员可以通过 HVOD，及时、方便地了解客房实时状态，满足客人的换房请求。

（6）电视指南。通过 HVOD，便于客人查看本地电视台的节目预告。

（7）语种选择。客人可根据自己的需要选择服务信息的语言，排除语言障碍，获取自己的所需的信息。

3. 互联网访问

随着互联网的爆炸式发展，饭店的客人越来越离不开互联网，饭店为客人提供互联网服务也是必然趋势。饭店视频点播系统将电视机、机顶盒、计算机网络系统相集成，通过相应的计算机点播软件和机顶盒，在电视上实现互联网访问。HVOD 提供的网络功能具有以下特点：

（1）在客房内完成。由于饭店提供的上网终端设在客房内，客人可以足不出户便可上网，进行网页浏览和发收 E-mail 等。

（2）无需客人自带设备。通常饭店只提供上网线路或网络账号，客人需自带终端设备，如笔记本计算机等。HVOD 使客房配备上网终端设备，这样，无需客人自带任何设备，便可轻松地实现网络访问。

（3）非专业者易用。由于系统是借助机顶盒实现网络功能，因此操作起来与遥控电视差不多，十分简单，无需复杂的操作，即使是无计算机知识的人也可轻松上网。

饭店向客人提供的产品是服务，服务意味着收入，优质的饭店服务意味着可观的收入。直接地网络服务计费收入和服务好感所带来的远期效益十分明显，已经成为饭店的一个新的经济成长点。

任务演练 ≫

1. 了解视频点播系统

向住店客人清晰介绍客房内的视频点播系统的使用方法。

2. 能力评价

分组进行讨论，根据每组完成任务情况进行逐级评价，填入表 8-9 中。

表 8-9 能力评价

内容		评价		
学习目标	评价内容	组内成员	小组间	教师
知识　应知应会	视频点播系统的作用	□优□良□差	□优□良□差	□优□良□差
	视频点播系统的应用	□优□良□差	□优□良□差	□优□良□差
专业能力　能阐述饭店视频点播系统的使用方法	注意事项阐述清晰	□优□良□差	□优□良□差	□优□良□差
	主要功能描述正确	□优□良□差	□优□良□差	□优□良□差
态度　积极主动		□优□良□差	□优□良□差	□优□良□差
	团结合作	□优□良□差	□优□良□差	□优□良□差
提升建议：		综合评价： □优 □良 □差		

课 后 练 习

一、填空题

1. 饭店视频点播系统具有（　　）、（　　）、（　　）等特点。
2. 饭店依靠视频点播系统提供的服务大致可分为（　　）、（　　）和（　　）三大类。

二、简述题

简述视频点播系统的操作方法。

任务七　语音信箱的应用

任务目标 >>

➢ 了解语音信箱的意义；
➢ 了解语音信箱在饭店中的使用。

任务准备 >>

➢ 场地准备：学校多媒体教室；
➢ 物品准备：录音设备。

任务描述 ≫

在初步了解语音信箱的概念的基础上，学生分组讨论语音留言信箱可以在哪些方面使用，并讨论如何设置语音留言。

任务分析 ≫

学生需先掌握语音信箱的概念及功能，然后在此基础上分小组讨论语音留言信箱可以在哪些方面使用，引导学生通过操作使用相关功能思考，然后在全班汇报讨论结果，教师组织进行总结。

相关知识

一、饭店应用语音信箱系统的意义

1. 是饭店最易实现的电信增值业务

语音信箱系统由饭店管理系统、语音信箱处理计算机、语音卡、电话交换机、电话软、硬件系统组成。因此在原有的通信设备和计算机网络系统的基础上，饭店几乎不用添加任何设备，只需安装一套语音信箱处理软件，即可增加语音信箱系统功能，使客人和饭店服务员充分体验到高科技带来的令人愉悦的生活方式和高效率、个性化的工作氛围。

2. 是提高饭店服务水平的简捷途径

语音信箱系统的应用可使从繁琐的工作中解放出来，把更多的精力和时间用于提高待客服务质量上。如果没有语音信箱系统，通常会出现以下尴尬的局面：

（1）服务员正忙时，恰有客人留言，而采用手工记录留言手忙脚乱，速度慢、易出错，且笔录的留言丢失，以致引起客人投诉。

（2）人工电话叫醒服务，因服务不准时或客人贪睡误事，服务员易遭投诉。

（3）在工作繁忙之中回答客人琐碎、简单、重复问题时，易怠慢客人。

3. 可加强饭店的内务管理

语音信箱系统也可加强饭店内部行政管理。在当今竞争激烈、追求绩效的企业环境中，饭店管理人员经常为以下情况困扰：

（1）因不重要的电话而中断重要的工作和会议，疲于接电话和写留言条。

（2）常需回答相同问题或电话重复通知同一个指示。

（3）因对方不在线或占线而需再三拨叫，或对方因不易找到人或电话占线而抱怨。

（4）为等一个重要电话而无法抽身去办其他重要的事。

（5）需同时应付数个电话而分身乏术。

最新研究表明：在所有电话来往中，平均只有 30%的电话能在第一次找到想找的人；40%的电话只涉及单向信息传递，而不需要任何回话。因而借助语音信箱系统，饭店内部的管理将更省时、直接、准确。

二、语音信箱在饭店中的功能

1. 自动总机

当客人住进某房间后，就可以立即使用语音留言系统。所有开设语音信箱功能的分机均可实现呼叫遇忙、无人接电话时的自动留言功能；可不经过话务员而直接通过计算机语音信箱处理软件直接将电话转到所要的分机；可灵活地设置、变更和取消团队、散客的自动叫醒时间，避免人工叫醒的提前或延时。

2. 留言处理

当客人需要留言时，可通过语音信箱处理系统的语音提示完成留言。收听留言时，客人可通过系统的语音菜单进入自己的语音账号，根据语音提示收听留言。所有留言均标明留言时间，真实可靠，并不会丢失或延误。客人可设置密码对留言进行保密，还可录入自己的问候语来个性化语音信箱。

3. 信息服务

语音信箱系统可让客人直接从电话中获取常用信息。饭店可设计一个全天 24 小时服务信息热线，用于回答客人的一些经常性的问题，使得语音服务更加周到和有价值。

4. 多语种提示

为了满足外宾的需要，语音信箱系统可为每个房间提供多种语种留言功能，客人可以自主选择所需的语种，从而排除留言在文化上的障碍，为客人提供多层次的服务。

5. 意见征询

通过语音处理系统可征询住店客人和离店客人在任何时候和任何地点对饭店提出的任何意见，有助于改善饭店的服务质量。

6. 自动通知

管理部门可通过语音信箱系统快速给饭店的所有职工传达通知，而不同班次的员工也可互相进行留言，提高了工作效率和工作质量。

任务演练 ≫

1. 学习使用语音信箱

列举可以使用语音信箱的场景，并设计其语音提示语。

2. 能力评价

分组进行讨论，根据每组完成任务情况进行逐级评价。填入表 8-10 中。

表 8-10 能力评价

内容			评价		
学习目标		评价内容	组内成员	小组间	教师
知识	应知应会	语音信箱的作用	□优□良□差	□优□良□差	□优□良□差
		语音信箱的应用	□优□良□差	□优□良□差	□优□良□差
专业能力	能准确设计语音信箱的提示语	注意事项阐述清晰	□优□良□差	□优□良□差	□优□良□差
		语言表述正确	□优□良□差	□优□良□差	□优□良□差
态度	积极主动		□优□良□差	□优□良□差	□优□良□差
	团结合作		□优□良□差	□优□良□差	□优□良□差
提升建议：			综合评价： □优 □良 □差		

课 后 练 习

1. 简述语音信箱的作用。
2. 列举可以使用语音信箱的场景，并设计语音提示语。

任务八 迷你吧计算机控制系统的应用

任务目标 ≫

➤ 了解迷你吧计算机控制系统的特点及使用；
➤ 了解迷你吧的操作流程。

任务准备 ≫

➤ 场地准备：模拟前厅；
➤ 仪容仪表准备：与课人员身着职业装，女生化淡妆、盘发。

任务描述 ≫

利用报表了解客人消费情况，补齐迷你吧中的规定物品，将客人消费计入客账。

任务分析 >>

通过模拟操作熟练迷你吧的操作流程，了解迷你吧计算机控制系统的特点及使用，演练过程中学生应细心核对报表，确保账单正确，及时补齐所缺物品。

相关知识

迷你吧是指在饭店客房中设置的小冰箱或小酒柜内，为客人提供饮料、小吃和酒水。这种小吧服务是饭店统一服务向个性化服务转移的体现，它能真正让客人有宾至如归的感受。

一、迷你吧手工操作中的问题

客房小吧在使用计算机操作系统以前，一直是由人工来进行操作管理。通常是在客人离店时，由客房服务员清点所消费的物品，并将其消耗量及应付金额通报给总台统一收银。这种方法存在的问题是：

（1）无法及时了解所提供物品的消费情况，造成物品补充不及时。

（2）不能及时反馈所提供物品的受欢迎程度，无法及时对所提供物品进行品种调整。

（3）操作方式不够可靠，导致与客人发生争执等情况的发生。

二、饭店客房迷你吧服务质量标准

1. 酒水供应与推销

（1）客房配冰箱与酒水台，高档客房配迷你吧台，吧台与酒水台设计美观大方，冰箱性能良好。

（2）充分供应酒吧烈性酒、葡萄酒、软饮料与小吃，品种不少于 15 种。

（3）客房酒单设计美观大方，字迹清楚，标价合理。

（4）服务员为入住客人介绍客房设备与服务项目时同时准确推销客房酒水。

2. 住房酒水检查与补充

（1）客人住店期间，服务员及时到楼层领取补充酒水和饮料。

（2）酒单上客人所用酒水、饮料、小吃的数量、种类及客人姓名、房号、检查时间与检查人姓名填写准确，酒单报客房领班转交前厅挂账及时。

（3）每次查房后，服务员及时到楼层领取补充酒水和饮料。

（4）楼层酒水饮料领取、发放管理制度健全，手续规范。

（5）每日制作客房酒水销售报告明确，账目清楚。

3. 离店房酒水检查

（1）接到客人离店通知，掌握客人姓名、房号、结账时间准确，迅速进房巡视，检查离店客人酒水、饮料消耗情况，认真、细致、准确，账单记录清楚，转交客房领班报前厅收款快速，于客人结账前完成。

（2）不要因酒水检查不及时造成客人跑账现象。

4. 客房酒单传递

（1）客人酒单和客房领班填写的每日酒水销售报告关客房部主管，账目核对清楚，前厅客人每日酒水挂账、结账快速准确，来不及传递时电话通知前厅收款结账。

（2）整个客房酒吧服务细致、规范，客人满意程度高。

三、迷你吧服务程序

1. 发放

（1）房间迷你吧由楼层领班统一管理，酒水在服务中心领取。

（2）由领班按规定品种及数量领取，按要求摆放。

（3）填写酒水领取登记，品名、数量应相符，并注明发放时间及发放人。

2. 补充

（1）服务班根据当日客人消费单进行补充，并检查酒水质量和保质期。

（2）将客人消费单客房联交于服务中心。

（3）住人房消费酒水需经客人签字确认后，再行补充。

3. 检查

（1）领班查房时对迷你吧物品逐项进行检查并登记。

（2）服务班对住客房每日三次检查。

（3）当客人离店时，服务班在第一时间进房检查酒水消费情况，及时报告服务中心。

四、迷你吧计算机控制系统的特点

为克服迷你吧手工操作的种种弊端，由计算机控制的迷你吧系统应运而生。迷你吧计算机控制系统主要有以下特点：

1. 自动化

迷你吧计算机控制系统能自动探知迷你吧中物品的消费情况，并自动将消费计入客人的应付账中。此外，它还可以打印出各种报表，如销售报表、存货补充报表等。

2. 方便性

能及时了解所提供物品的消费情况，便于及时补充物品，并根据客人爱好对所供物品进行调整。

3. 易操作性

迷你吧计算机控制系统采用计算机联网操作，使用计算机软件技术，使得对迷你吧的控制只需点击鼠标即可完成。

4. 易集成性

迷你吧计算机控制系统可与饭店语音信箱系统、视频点播系统等其他子功能系统集成，成为一个统一的管理系统。这样，客人可随时了解自己在饭店中的消费情况。

任务演练 »

1. 学习使用迷你吧计算机控制系统

在客人使用过迷你吧后，在计算机控制系统中了解消费情况，补充物品，打印报表。

2. 能力评价

分组进行讨论，根据每组完成任务情况进行逐级评价，填入表 8-11 中。

表 8-11 能力评价

内容		评价		
学习目标	评价内容	组内成员	小组间	教师
知识 应知应会	迷你吧的使用方法	□优□良□差	□优□良□差	□优□良□差
	计算机控制系统的应用	□优□良□差	□优□良□差	□优□良□差
专业能力 能熟练使用计算机控制系统控制迷你吧	注意事项阐述清晰	□优□良□差	□优□良□差	□优□良□差
	语言表述正确	□优□良□差	□优□良□差	□优□良□差
态度 积极主动		□优□良□差	□优□良□差	□优□良□差
团结合作		□优□良□差	□优□良□差	□优□良□差
提升建议：		综合评价： □优 □良 □差		

课 后 练 习

1. 简述迷你吧的服务程序。
2. 简述迷你吧计算机控制系统的主要特点。

项　目　总　结

众所周知，计算机现代化技术已经渗入到生活中的各个领域，其重要性不言而喻。通过本项目的学习，学生对饭店现代化管理技术应有一定的了解，对前厅部现代化技术的应用如触摸屏、电子门锁、语音信箱、迷你吧计算机控制系统等也有足够的认识，有助于在今后的工作中以更好的专业技能为客人提供服务。

项目九

客户关系维护

我们看到高档饭店里很多衣着靓丽的俊男美女服务员，不参与具体服务工作，只负责与客户搭讪、发名片，他们做的工作就是客户关系维护。这些人每个人都会集了很多的客户关系消息，他们走到哪里，就会把自己的客户带到哪里。饭店的收入来源于客户，客户蜂拥而至饭店就有收入和利润。因此，把客户放在头等工作位置是合理的，也是必然的。

饭店有一套客户管理系统，记录了所有优质的客户的联系方式、饮食喜好、作息时间、职业特征、消费水平等，饭店可以有针对性地开发产品，优化服务，"把餐饮服务做到客户的心坎里"，当客户觉得饭店服务贴心时，自然会加大消费的次数和力度。饭店可以集中力量、有的放矢地做好客户最关心的服务，把资源用在刀刃上，以创造利润。总而言之，客户关系的维护在一定程度上决定了一个饭店成功的程度。

学习目标

- ➢ 掌握 VIP 接待服务；
- ➢ 能够正确处理客人投诉事件；
- ➢ 掌握与客人的沟通技巧。

任务一 ▍VIP 接待服务

任务目标 ▍》

- ➢ 了解什么是 VIP；
- ➢ 掌握 VIP 接待程序；
- ➢ 了解贵宾的等级分类。

任务准备 ▍》

- ➢ 场地准备：模拟前厅；
- ➢ 用品准备：模拟电话、计算机、信笺、笔等、贵宾通知单；

> 仪容仪表准备：身着职业装，女生化淡妆、盘发。

任务描述 ≫

东方大饭店预订处接到某知名化妆品公司总裁李小姐的预订电话，服务人员立刻查阅李小姐的客史档案，确认李小姐是 VIP 客人，马上制订出专属的接待方案。

任务分析 ≫

饭店 VIP（Very Important Person）客人是指社会地位高，社会影响力大，能给饭店带来经济效益和社会效益，以及多次住店和饭店关系密切的贵宾。建立和维护与 VIP 客人之间密切的关系是维护饭店声誉的关键，而 VIP 的接待工作是建立良好宾客关系的重要环节。学生要能够利用所学知识自行设计出 VIP 接待方案。

相关知识

一、什么是VIP

如前所述，VIP，全称为 very important person，直译为"重要人物"、"要员"、"非常重要的人"，其他称呼还有"贵宾"，"贵客"，"重要人士"、"高级用户"、"高级会员"等，是一个组织、派对、社团、国家等对访客的一种分类。

二、贵宾(VIP)等级分类

1. 特级贵宾

（1）国内外有杰同影响的政治家、政府官员。
（2）国际上有影响的人士或对饭店的经营与发展有重要影响的人士。

2. A级贵宾

（1）副省（部）以上政府官员或领导。
（2）国家旅游局正局级以上领导。
（3）国内外著名企业、集团、饭店、旅行社总裁。
（4）国内外文化界、艺术界、教育界、体育界知名人士及社会名流。
（5）对饭店的经营与发展有重要贡献或影响的人士。

3. B级贵宾

（1）厅（局）级以下政府官员或领导。
（2）各地企业界、金融界、新闻界人士及社会名流。
（3）国家副局领导、国家旅游局正处级领导、省旅游局副局级领导。
（4）星级饭店、旅行社总经理、副总经理等旅游业人士。
（5）对饭店经营与发展有较重要影响的人士。

三、VIP 接待程序及标准

1. 抵店前的准备工作

（1）掌握 VIP 客人的姓名、职务、习惯和抵店时间。

（2）在 VIP 客人抵店前检查 VIP 客人钥匙信封的准备情况。

（3）检查 VIP 房的准备工作，确保 VIP 房处于最佳状态。

（4）在 VIP 客人到达前一个小时，检查鲜花、水果和欢迎信的派送情况，督导接待人员半小时前到达，提醒总经理或大堂助理提前 10 分钟到位，确保一切准备工作到位。如表 9-1 所示和 VIP 接待通知单。

表 9-1　VIP 接待通知单

姓名（团体）身份		国籍			
人数	男：　　　女：	房号			
来馆日期		班次			
离馆日期		班次			
拟住天数		接待标准			
客人要求					
接待单位		陪同人数身份	男：		女：
特殊要求					
审核人		经手人			
备注：					

年　　月　　日

2. 抵店时的接待工作

（1）VIP 客人进入大堂时，应使用准确的客人职务或客人姓名称呼和迎接客人，如图 9-1 所示。

图 9-1　VIP 客人抵店

（2）引领 VIP 客人进入预订的房间，查看客人的有效证件，并请客人在登记单上签字，确保登记单打印内容准确无误。

（3）向 VIP 客人介绍客房以及饭店内设施设备。

（4）征求 VIP 客人意见，随时提供专业服务。

3. 抵店后的完善工作

（1）接待完 VIP 客人后，应及时将登记表交给前厅，并准确无误地把信息输入计算机。

（2）做好 VIP 客人的接待记录，必要时及时向驻店经理报告 VIP 客人的抵店和接待情况。

（3）协助预订处建立 VIP 客人档案，准确记录 VIP 客人的姓名、职务、抵店时间、离店时间、首次或多次住店的特殊要求等信息，以作为日后预订和服务的参考资料。

任务演练 ≫

1. 接待 VIP 客人

制订一份 VIP 客人的接待计划，包括 VIP 抵店前的准备工作、VIP 抵店时的接待工作和 VIP 离店后的完善工作。

2. 能力评价

依据小组演练的情况，实行小组内成员互评、小组间互评和教师评价，给出提升建议并进行综合评价，填入表 9-2 中。

表 9-2　能力评价

内容			评价		
学习目标		评价内容	组内成员	小组间	教师
知识	应知应会	VIP 等级分类	□优□良□差	□优□良□差	□优□良□差
		满足 VIP 个性化需求	□优□良□差	□优□良□差	□优□良□差
专业能力	VIP 接待服务	VIP 服务方法	□优□良□差	□优□良□差	□优□良□差
		个性化服务	□优□良□差	□优□良□差	□优□良□差
态度		真心诚意，热情主动	□优□良□差	□优□良□差	□优□良□差
		有问必答、有求必应	□优□良□差	□优□良□差	□优□良□差
提升建议：			综合评价： □优 □良 □差		

技能训练 ▶▶

技能训练：进行预订服务、礼宾服务、入住登记服务、住店期间服务、送客服务训练。

训练方法：6 人一组，自由分组，一位代表 VIP，剩下五位学生分别为 VIP 模拟以上五个服务环节。

训练要求：（1）服务规范、态度热情主动。

（2）工作内容标准正确。

（3）鼓励有服务创新设计。

—————————— 课 后 练 习 ——————————

案例分析：著名演员×××女士将与 2015 年 10.9 日来武汉参加影迷见面会，下榻饭店订在武汉威斯汀饭店。假设你是威斯汀饭店前厅部的总经理，请为×××此次的到来制订一份 VIP 接待工作程序。

任务二 | 处理客人投诉

任务目标 ▶▶

➤ 了解客人投诉的原因；

➤ 掌握处理客人投诉的原则和技巧。

任务准备 ▶▶

➤ 场地准备：模拟大堂；

➤ 角色准备：客户、服务员、大堂经理；

➤ 仪容仪表准备：身着职业装，女生化淡妆、盘发。

任务描述 ▶▶

李小姐 2 月 3 日打电话到某大饭店为她们公司的老总预订了 2 月 5 日入住的豪华套间，前台告知有房，预订成功。谁知到了 2 月 5 日，当李小姐带着老总来到饭店前台时，服务员却说现在暂时没有空房，需等待一个小时。事后，李小姐生气地向饭店投诉了前台的工作人员。请分析并思考，你会如何处理李小姐的投诉事件呢？

任务分析 ▶▶

处理好客人的投诉问题，首先要学会分析产生客人投诉的原因。只有了解了客人为什么投诉，才能站在客人的角度去理解客人，分析问题。其次，我们要把握处理投诉工作的原则。只有分析清楚客人投诉的原因，在处理投诉的原则之上遵循一定的工作程序，才能有效地处理客人的投诉问题。

◢ 相关知识

一、客户投诉原因分析

1. 有关设施设备的投诉

这类投诉原因主要包括空调不灵、照明灯不亮、电梯夹住了客人、卫生间水龙头损坏等。设备常出故障，此时饭店的服务态度再好也难以弥补。尽管饭店都建立了对各类设备的保养、检查维修制度，但这只能相对减少饭店设施设备的隐患，而不可能杜绝设备故障的发生。

处理此类投诉时，应立即通知工程部派人员实地察看，视具体情况采取相应的措施，同时，还应在问题解决后再次与客人联系，以示对客人的尊重。

2. 有关服务态度的投诉

这类投诉原因主要包括冷漠的接待方式、粗暴的语言、戏弄的行为、过分的热情及不负责任的答复等。

减少此类投诉的有效方法是增加服务人员的服务意识，加强有关处理对客培训。

3. 有关服务技能和管理质量的投诉

这类投诉原因包括排重房间、叫醒过时、行李无人搬运、住客在房间受到骚扰、财务在店内丢失、服务不一视同仁等。

减少这类投诉的方法是强化服务人员的服务技能和提高饭店的管理水平。

4. 有关相关政策规定的投诉

这类投诉原因涉及饭店的政策规定，有时，饭店并没有什么过错，客人投诉主要是因为对饭店有关政策规定不了解和误解造成的。

处理此类投诉时，应给予客人耐心解释，并热情帮助客人解决问题。

5. 异常事件的投诉

这类投诉主要包括无法购得机票、车票，城市供电、供水系统障碍，恶劣天气等。这类投诉所涉及的问题是酒店难以控制的，但客人却希望饭店能帮助解释。

处理此类投诉，应想方设法在力所能及的范围内加以解决，若实在无能为力，应尽早向客人解释，取得客人谅解。

二、处理投诉的原则

大多数客人从来不抱怨，但对于提出投诉的客人来说，如果他们的问题能够得到及时妥善的解决，他们会比没有问题的客人感到更加满意，不过这取决于服务员对投诉处理的能力。一般来说，在处理客人投诉时应遵循以下原则：

1. 不能与客人争执

在处理客人投诉时，重点是倾听事实，进而寻求解决之道。争论只会妨碍服务员聆听客人的观点，不利于缓和客人的情绪。争论谁对谁错毫无意义，只会激化矛盾，而服务员的职责是安抚那些已经产生不满的客人。专家统计分析指出：寻求客人的满意甚至对客人进行必要的赔偿所带来的收益将是补偿成本的数倍。

2. 尊重客人的感觉

客人进行投诉，说明饭店有什么地方肯定做得不对或者不好，所以必须强调对客人的理解，让客人觉得自己是前来消费的，享有充分的自由，而服务员应该为自己提供良好的服务。

3. 处理的事件越早效果越好

当饭店出现服务失误而导致客人投诉时，应该第一时间处理，时间越长，客人的不满就越重，客人的忠诚度就会受到严重的挑战。所以必须制定相应的制度，加强管理。

4. 平衡饭店与客人间的利益。

服务员在处理客人投诉时，一方面要注意安抚客人的情绪，帮助客人解决问题；另一方面要注意维护饭店利益，懂得解决问题的技巧。比如，在解决客人投诉时不要随意贬低其他部门，这种做法虽然解决了客人投诉，但却损害了企业的整体利益，是不可取的。此外，简单的退款、减少收费也不是有效的办法。饭店可以通过面对面额外的服务，以及加强对客人的关心、照顾来解决问题。

三、处理投诉的程序

1. 做好心理准备

处理客人投诉是对服务员心理的极大考验，为了正确、轻松地将客人的投诉处理完毕，首先，服务员应在心理上做好准备，要确立"客人是对的，客人是上帝"的信念。客人一般是在万不得已的情况下才来投诉的，所以，换一个角度去想，如果你是客人，在饭店遇到当前的这个问题，你是怎样的感觉？而且，饭店行业都遵循这样一个原则：即使客人有错，也要当他是对的，反之，会破坏双方的和谐关系。没有良好的心理准备，面对客人投诉时，服务员往往不能平心静气地处理问题，这样不但不利于解决问题，还会造成更大的误会。

2. 耐心听取客人的诉说

客人前来投诉，经常会滔滔不绝，此时服务员要注意聆听客人的讲话，然后适时地提出问题，这样才可以在较短时间内弄清事情的经过，只有清楚时间的来龙去脉，才能想办法解决问题。在聆听客人讲话时应注意以下几点：

（1）要让客人把话说完，不能忙于插话、随便打断客人的讲述。

（2）对客人讲话时要注意语调、语气以及音量的大小。

（3）表情要严肃认真，不能随便发笑，以免引起客人误会。

3．在聆听客人讲话时注意记录要点

客人投诉的内容、原因、客人的姓名等情况，服务员都应该记录下来，以作为下一步解决问题的资料和原始依据。记录的意义不仅是在收集有用的信息，也是在表达对客人的尊重，对客人的投诉表示重视。

4．一定要对客人所说的情况表示理解和同情

客人来投诉，不一定是为了讲明白什么道理，很多时候为了求得心理上的平衡。这时服务员如果能够及时向客人表达自己的理解和同情，那么客人的心情就会慢慢平和下来，投诉的问题也就迎刃而解了。

5．询问客人对于投诉问题的解决意见

客人既然前来投诉，充分说明了客人对饭店解决问题的能力怀着一份信任，那么服务员也应该相信客人会理性地提出解决意见，并尽量按照客人提出的意见来解决问题。当然，也有个别客人的投诉完全是无理取闹，这时要区别对待。

6．对于投诉问题的解决要向客人作出时间上的保证

服务员在解决投诉问题时，要根据问题的难易程度估算其解决的时间，最好落实到一个具体的时间，然后告知客人。

7．及时且负责地解决客人反映的问题

其实，大部分客人投诉最终都是为了解决问题。因此，对客人的投诉应及时着手解决，必要时应请相关人员协助。

8．确保解决客人投诉的计划不会因意外而搁浅

负责接待投诉的服务员往往不能直接去解决问题，但应对处理结果进行跟踪，给予关注，确定客人的问题是否已得到解决。

9．问题是否得到解决，要以客人的判断为准

服务员在解决投诉问题以后，应该与客人进行联系，询问客人是否满意现在的结果，做到解决客人投诉有始有终，这样才会赢得客人更多的信任和欣赏。

图9-2所示为饭店进行员工培训场等。

图 9-2　服务员进行礼仪训练

任务演练 >>

1. 处理客人投诉

2 名学生一组，扮演客人和服务员，处理客人投诉隔壁房间噪声太大的问题。

2. 演练要求

（1）认真倾听客人的投诉。
（2）记录事情要点。
（3）分析投诉产生的原因。
（4）告诉客人解决的方案。
（5）事后及时询问客人对事情处理的满意程度。

3. 能力评价

分组进行讨论；根据每组完成任务情况进行逐级评价，填入表 9-3 中。

表 9-3　能力评价

内容			评价		
学习目标		评价内容	组内成员	小组间	教师
知识	应知应会	客户投诉原因分析	□优□良□差	□优□良□差	□优□良□差
专业能力	客户投诉处理	处理原则	□优□良□差	□优□良□差	□优□良□差
		处理技巧	□优□良□差	□优□良□差	□优□良□差
态度	真心诚意，热情主动		□优□良□差	□优□良□差	□优□良□差
	耐心细致、有亲和力		□优□良□差	□优□良□差	□优□良□差
提升建议：			综合评价： □优 □良 □差		

技能训练 >>

技能训练：客人投诉处理技巧。

训练方法：两人一组，一人为投诉的客人，一人为服务员，场景演练处理客人投诉的方法。

训练要求：（1）客人的刁难要符合实际情况。

（2）服务人员要规范、礼貌。

（3）运用所学的处理技巧解决客人的投诉。

课 后 练 习

一、简答题

1. 客人投诉的原因有哪些？

2. 处理客人投诉的原则和技巧是什么？

二、案例分析

在一家五星级饭店的餐厅内，发生过这样一件事情：

客　人：我们要一条活石斑……

服务员：对不起，今天海鲜还没有到货。……

客　人：一份清炒苦瓜，两笼虾饺。

服务员：真对不起，您要的这两样都卖完了。

客　人：干脆，你们有什么就上什么算了。

服务员：真对不起。

（席间）

客　人：服务员，我们要的菜都吃完一刻钟了，那份豆腐怎么还上不来？你再来看看这条鱼，是不是没有熟？

服务员：对不起，我这就去催。另外，是不是让厨师重新做？

客　人：算了，快点把豆腐上来。

（3分钟后）

服务员：对不起，让您久等了，这是您要的豆腐。

客　人：慢着，这菜里怎么有根头发。

服务员：哦，真对不起，我去让厨师给您重新做一盘。

（5分钟后）

客　人：服务员，这烟灰缸都满了……

服务员：我马上换……

10分钟后，客人请来了经理，向他讲述了刚才所发生的一切，并要求免掉一半的餐费。客人讲在五星级饭店用一次餐，连续出现这么多的问题是不可思议的，也是不可原谅的。

如果饭店不能满足他们的基本要求，他们将通过新闻媒介给饭店曝光。

分析此案例，回答以下问题：

1. 客人投诉的类型有哪些？
2. 本案例中员工被投诉的原因是什么，如果你是经理该如何处理这件事？

任务三 ▎ 正确地与客人沟通

任务目标 ≫

➢ 学会用规范礼貌用语；
➢ 与客人沟通的技巧。

任务准备 ≫

➢ 场地准备：模拟前厅；
➢ 角色准备：客户、服务员、大堂经理；
➢ 仪容仪表准备：身着职业装，女生化淡妆、盘发。

任务描述 ≫

模拟场景：一对情侣到某餐厅用餐，可这时餐厅内小餐桌已客满，于是服务员便将客人安排到大圆桌上用餐。但一会儿又来了八位客人，这时大圆桌均已坐满，而靠窗的小方桌又空出来了。于是服务员就简单地对这对情侣客人说："你们二位请到这边来！他们人多，让他们坐大圆桌行不行？"这时情侣客人不高兴了，女孩生气地说："不行！我们也是客人，就坐这儿，不动了！"

请扮演餐厅主管，处理此事。

任务分析 >>

案例中的服务员因为表达不合适造成了客人的不满。一个饭店要在激烈的市场竞争中发展,服务水平就一定要不断提升。有时,服务水平的高低甚至成为消费者选择消费的一个重要依据。饭店想要提升服务水平,很重要的一个环节就是要提升服务员的素质,而服务语言则是服务员素质最直接的体现。所以每位学生应该首先掌握如何正确地表达、与客人沟通。

相关知识

一、语言表达方面的要求

1. 程序的语言要求

(1)客人来店有欢迎声。

(2)客人离店有道别声。

(3)客人帮忙或表扬时,有致谢声。

(4)遇见客人时,有问候声。

(5)服务不周有道歉声。

(6)服务之前有提醒声。

(7)客人呼唤时有相应声。

2. 形式上的语言要求

形式上的语言要求如表 9-4 所示。

表 9-4　形式上的语言要求及说明

形式上的语言要求	说　明
恰到好处,点到为止	在服务时要清楚、亲切、准确地表达出自己的意思即可,不宜多说话。要启发客人多说话,让他们得到尊重,得到放松,释放自己的心理压力,尽可能地表达自己的消费意愿和对饭店的意见
有声服务	没有声音的服务,是缺乏热情且没有魅力的。服务过程中不能只有鞠躬、点头,没有问候;不能只有手势,没有语言的配合
轻声服务	传统服务是吆喝服务,鸣堂叫菜。现代服务讲究轻声服务,为客人保留一片宁静的天地,要求三轻(说话轻、走路轻、操作轻)
清楚服务	一些服务员往往由于腼腆或者普通话说得不好,在服务过程中不能向客人提供清楚明了的服务,造成客人的不满。特别是报菜名,经常使客人听得一头雾水,并因而妨碍主客之间的沟通,耽误正常的工作
普通话服务	服务员应该使用普通话,使交流做到晓畅明白

二、礼貌用语的要求

礼貌用语的要求如表 9-5 所示。

表 9-5　常用礼貌用语

常用礼貌用语	说　　明
"欢迎""欢迎您""您好"	用于客人来到餐厅时，本着热情和礼貌的工作态度而说
"谢谢""谢谢您"	用于客人为服务员的工作带来方便时说
"请您稍等""请您稍等一下"	用于不能立刻为客人提供服务时，本着认真负责的工作态度说
"对不起""实在对不起"	用于因打扰客人或给客人带来不便，本着真诚而有礼貌的工作态度说
"再见""您慢走""欢迎下次光临"	用于客人离开时，本着热情而真诚的工作态度说
"让您久等了"	用于等候的客人，本着热情和表示歉意的工作态度说

三、与客人沟通的技巧

1. 正确认识客人

（1）尊重客人。前厅部员工在对客服务时，常常会将客人当"物"来摆布，让客人难以接受。例如，时常看见前厅员工伸出食指，指着客人讲话或指指点点地数客人人头。要知道，我们在数物体时，如数桌椅板凳时才这样数，对人能这样吗？

（2）宽容、谅解客人的"不对之处"。客人也会有不对之处，前厅员工不应苛求客人，更不可把客人看作比高低、争输赢的对象。因为即使员工争赢了，却得罪了客人，使客人对服务和饭店不满意，到头来还是前厅员工输了。

（3）把客人看做是服务对象。前厅员工的职责是为客人提供服务，而不是对其评头论足或进行"教训""改造"。同时，应理解每个人在扮演不同的社会角色。前厅员工应正确加以区分，从心里将客人看做是服务对象，真诚、热心地为其人提供服务。

2. 掌握与客人的沟通技巧

（1）注重对客人的心理服务。饭店应为客人提供"双重服务"，即功能服务和心理服务。功能服务是满足客人的实际需要，心理服务则是让客人得到一种"愉悦的经历"，这主要是在客人与饭店人员的人际交往中实现的。

（2）应学会反话正说。员工应讲究语言艺术，尽可能用肯定的语气去表达否定的意思，即学会反话正说。

例如，使用"您可以到收银处兑换外币"代替"这里不提供外币兑换"使用"您可以到那边（吸烟区）吸烟"代替"您不能在总台吸烟"等。

（3）应否定自己而不应否定客人。前厅部员工在对客服务中，应善于首先否定自己，而不要去否定客人。例如，使用"如果我没说清楚，我可以再说一遍"代替"如果您没听明白，我再说一遍"。

任务演练 »

1. 与客人有效沟通

由2名学生一组扮演客人和服务员，设计一个情景对话进行沟通。

2. 演练要求

语言规范、有礼貌，体现对客人的尊重，运用适当的沟通技巧。

3. 能力评价

分组进行讨论；根据每组完成任务情况进行逐级评价，填入表9-6中。

表9-6　能力评价

内容			评价		
学习目标		评价内容	组内成员	小组间	教师
知识	应知应会	程序和形式上的语言表达	□优□良□差	□优□良□差	□优□良□差
专业能力	正确与客人沟通	礼貌规范用语	□优□良□差	□优□良□差	□优□良□差
		沟通地技巧	□优□良□差	□优□良□差	□优□良□差
态度	真心诚意，热情主动		□优□良□差	□优□良□差	□优□良□差
	耐心细致、有亲和力		□优□良□差	□优□良□差	□优□良□差
提升建议：			综合评价： □优 □良 □差		

技能训练 »

技能训练：（1）掌握程序和形式上的语言表达。
　　　　　（2）学说礼貌规范用语。
　　　　　（3）运用沟通技巧。
训练方法：教师设定场景，学生四人一组，角色演练。
训练要求：（1）表演大方自然，声音洪亮、吐词清晰。
　　　　　（2）语言表达要规范、能展示沟通的技巧、态度热情真诚、让客人满意。

课 后 练 习

一、简述题

1. 服务员的语言表达在形式和程序上分别有何要求？

2. 与客人沟通需掌握哪些技巧？

二、案例分析

某天李先生与他女朋友到饭店中餐厅用晚餐，但是旁边一桌客人又是喝酒又是划拳，异常兴奋，严重影响到了李先生就餐。于是李先生找来服务生解决问题。这位服务生走到那一桌旁边，让他们小点声，谁知那群客人借着酒劲对服务生口出恶语，一点也没意识到自己无礼的行为。服务员忍无可忍找来了值班经理。最后值班经理妥善地解决了这个矛盾。

分析案例，如果你是这位值班经理，你会怎么做呢？

项 目 总 结

VIP 接待服务能体现我们的服务水准，在个性化服务上体现了对客人的重视程度。处理好客人的投诉，可以挽留客人，让客人体会到饭店的细心、耐心、热心，甚至使其成为饭店的 VIP 客人。要学会正确地沟通，体现出专业的服务水平。客户关系维护目的在于留住顾客，让新客户变成长期合作的老客户。

参 考 文 献

姜文宏，刘颖．2004．前厅客房服务技能综合实训．北京：高等教育出版社．

姜文宏．2003．前厅客房服务技能综合实训．北京：高等教育出版社．

李莉．2005．前厅与客房实训（高职高专酒店管理专业）．北京：中国劳动社会保障出版社．

李任芷．1999．旅游饭店经营管理服务案例．北京：中华工商联合出版社．

毛江海．2007．前厅服务与管理．南京：东南大学出版社．

饶勇．1999．饭店管理经营智慧与成功案例．广州：广东旅游出版社．

宋晓玲．2001．饭店服务常见案例570则．北京：中国旅游出版社．

苏北春．2006．前厅客房服务与管理实训手册．北京：人民邮电出版社．

陶暹光，杨纪鹤．2004．现代饭店服务技巧．北京：旅游教育出版社．

魏洁文，许鸽文．2010．饭店服务实训教程．北京：中国旅游出版社．

奚晏平．2004．基于ISO9000国际质量标准的酒店质量管理系统设计．北京：旅游教育出版社．

徐文苑，严金明．2004．饭店前厅管理与服务．北京：清华大学出版社，北京交通大学出版社．

张润岗．1999．现代饭店服务质量管理与控制．北京：经济出版社．

郑宏博．2002．前厅客房服务与管理．大连：东北财经大学出版社．

北京酒店网 http://news.bjhotel.cn

酒店行业-hc360慧聪网 http://www.hotel.hc360.com

中国酒店人才在线网 http://www.jdrc365.com

最佳东方网 http://www.veryeast.cn